ROYAL HORTICULTURAL SOCIETY
DK GARTENTIPPS

CLEMATIS

W0192137

ROYAL HORTICULTURAL SOCIETY
DK GARTENTIPPS

CLEMATIS

CHARLES CHESSHIRE

DORLING KINDERSLEY
LONDON • NEW YORK • MÜNCHEN • SYDNEY

DORLING KINDERSLEY

PROJEKTBETREUUNG Samantha Gray
BILDBETREUUNG Rachael Parfitt

REIHENBETREUUNG Pamela Brown
REIHENBILDBETREUUNG Stephen Josland

CHEFLEKTORAT Louise Abbott
CHEFBILDLEKTORAT Lee Griffiths

DTP-DESIGN Matthew Greenfield

HERSTELLUNG Patricia Harrington

Die Deutsche Bibliothek – CIP-Einheitsaufnahme

Ein Titeldatensatz für diese Publikation ist bei
der Deutschen Bibliothek erhältlich.

Titel der englischen Originalausgabe:
Clematis

© Dorling Kindersley Limited, London, 1999

© der deutschsprachigen Ausgabe by Dorling Kindersley Verlag GmbH, München, 2001
Alle deutschsprachigen Rechte vorbehalten

ÜBERSETZUNG Eva Schweikart
REDAKTION UND SATZ Verlagsservice Monika Rohde, Bonn

ISBN 3-8310-0104-9

Besuchen Sie uns im Internet
www.dk.com

INHALT

CLEMATIS IM GARTEN

VIELFALT IN JEDER HINSICHT

CLEMATIS, AUCH WALDREBEN ODER KLEMATIS GENANNT, sind ausgesprochen vielseitig: Sie beranken Bäume und Sträucher, überwuchern Wände und Zäune. Sie gedeihen aber auch sehr gut in Rabatten oder Kübeln. So finden sich selbst im kleinsten Garten attraktive Pflanzmöglichkeiten, und mit über 200 Wildarten und mehr als 400 Gartensorten können Sie aus einer enormen Auswahl an Farben, Blütenformen und Düften Ihre Lieblingsclematis auswählen.

BLÜTENFORMEN

Die Blüten variieren bei Clematis von der grazilen nickenden Form vieler Wildarten bis hin zu den auffälligen Blütentellern der durch Züchtung erhaltenen großblumigen Hybriden. Dies sind zugleich die beiden Hauptgruppen, in die man die Waldreben einteilt.

Mit Blüten bis zu 20 cm Durchmesser bieten die großblumigen Hybriden den ganzen Sommer über einen wunderschönen Anblick. Ihre Blüten sind meist einfach, es gibt sie aber auch gefüllt. Die Wildarten haben für gewöhnlich kleinere Blüten, die im Frühjahr, Spätsommer und Herbst erscheinen. Hierzu gehören u. a. *Clematis armandii, C. alpina, C. macropetala, C. montana, C. texensis, C. viticella, C. tibetana (C. orientalis)* und *C. tangutica.* Die Clematis-Galerie *(ab S. 49)* zeigt die Vielfalt der Arten und Sorten; dort werden auch die Blütezeiten genannt.

FORMENREICHTUM

Ausgehend von der Größe, folgen nach den großblumigen Hybriden die Wildarten C. montana *und* C. viticella, *und dann* C. armandii, *eine Tellerform,* C. alpina *offene Glocke,* C. tangutica *geschlossene Glocke und* C. texensis *tulpenförmig.*

GROSSBLUMIGE HYBRIDE (EINFACH)

GROSSBLUMIGE HYBRIDE (GEFÜLLT)

CLEMATIS MONTANA

CLEMATIS VITICELLA

TELLERFORM

OFFENE GLOCKE

GESCHLOSSENE GLOCKE

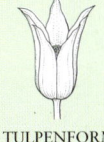

TULPENFORM

SYMPHONIE IN ROSA *Die großblumige Hybride ›Comtesse de Bouchaud‹ mit der Rose ›Pink Bells‹.*

FAMILIE UND AUFBAU

Früher konzentrierten sich die Züchter darauf, großblumige Hybriden zu entwickeln. In der Baumschule des Engländers George Jackman entstand 1862 ›Jackmanii‹, eine der ersten und bis heute beliebtesten Hybriden. Seitdem ist man bestrebt, die Sortenvielfalt zu erweitern und hat dabei in letzter Zeit zunehmend auf Wildarten zurückgegriffen.

Die Gattung Clematis gehort zur gleichen Pflanzenfamilie wie Hahnenfuß und Anemonen. Wildarten sind über die ganze Welt verbreitet, die meisten wachsen aber in den gemäßigten Zonen der Nordhalbkugel. Ihre attraktiven Blüten sind meist zwittrig und stehen einzeln oder in Rispen. Sie besitzen vier bis zehn Kelchblätter und diese variieren in Größe und Form. Die Blüten der meisten anderen Pflanzen weisen zwei Arten von Hüllblättern auf: grüne Kelchblätter zum Schutz der Knospe und farbige, die Insekten anlocken.

WUCHSVERHALTEN

Die meisten Clematis sind Kletterpflanzen. Sie wachsen an Spalieren und Pergolen empor oder schmücken Bögen und

▲ TOR AUS BLÜTEN
›Perle d'Azur‹ ist eine Spitzensorte unter den groß-blumigen Hybriden; sie blüht zwischen Juli und September.

◀ ROTE BLÜTEN IN HÜLLE UND FÜLLE
Vom Spätsommer bis in den Herbst blüht ›Kermesina‹ in ihrer ganzen Pracht. Sie wächst hervorragend in Sträucher hinein.

Gartentore. Das Besondere an ihnen ist ihre Neigung, sich mit anderen Pflanzen zu verbinden. In der Natur beranken sie Bäume und Sträucher; dabei winden sie ihre langen Blattstiele um die Zweige. Solche Kombinationen sind auch für den Garten ideal. Clematis eignen sich also hervorragend für Wandbegrünungen und als Bodendecker, in Pflanzkübeln verschönern sie Veranden oder Höfe, und als staudige Sorten lassen sie sich mit anderen Pflanzen in der Rabatte kombinieren.

FÜR JEDE JAHRESZEIT

Durch eine geschickte Auswahl aus der Fülle der Wildarten und Hybriden kann man sich vom zeitigen Frühjahr bis in den Herbst an der Blütenpracht der Clematis im Garten erfreuen. Manche bilden anschließend hübsch anzusehende bauschige Fruchtstände, z. B. die bis zum Herbst blühenden Arten C. *vitalba*, C. *tibetana* und C. *tangutica* sowie die

Gartensorte ›Bill MacKenzie‹. Die meisten Waldreben duften nicht sehr stark, und die wenigen, auf die das nicht zutrifft, sind relativ empfindlich. Clematis sind im allgemeinen winterhart, vor allem die großblumigen Hybriden und auch C.

Clematis gehören zur gleichen Familie wie Hahnenfuß und Anemonen

alpina, die bis –30 °C verträgt. Viele gedeihen im Schatten oder in Nordlagen, am besten in nicht zu trockenen, nährstoffreichen Böden.

FARBENPRACHT IN DER RABATTE
Wolken zierlicher weißer Blüten von Clematis recta, *einer staudig wachsenden Art, harmonieren wunderschön mit purpurnem Salbei, rosa Rosen und Fenchel.*

Im Jahreslauf

MIT ETWA EINEM Dutzend Arten und Hybriden hat man vom zeitigen Frühjahr bis in den Herbst immer eine in Blüte stehende Clematis im Garten. Ideal zusammenstellen lässt sich eine solche Blühfolge anhand der Clematis-Galerie (*ab S. 49*), in der auch die Blühzeiten angegeben sind. Viele Clematis bilden nach dem Verblühen fedrige Fruchtstände, andere haben ein dekoratives oder im Austrieb purpurnes Blattwerk (*siehe Kasten S. 11*).

SAISONAUFTAKT

In mildem Klima oder im Wintergarten blühen manche Clematis bereits zu Beginn des Frühjahrs. So revanchiert sich die immergrüne C. *cirrhosa* für einen nicht zu kalten Standort mit zartfarbenen Glocken. Ihr folgen die immergrünen Arten C. *armandii* und C. *indivisa* mit zart duftenden

---

Glänzende, bauschige Fruchtstände sind im Herbst ein schöner Anblick

---

weißen Blüten. Beide benötigen aber den Schutz einer Wand. Frühblüher sind auch die Alpina- und Macropetala-Vertreter, die später im Jahr dekorative Balgfrüchte bilden. Die Blütenformen variieren von glockenförmig bei C. *alpina* bis zu nickend

⚘ ZART UND DUFTEND
C. armandii *trägt im Frühjahr weiße Cymen, die schön mit den ledrigen immergrünen Blättern kontrastieren. An Sonnentagen entströmt ihnen zarter Mandelduft.*

◀ FRÜHJAHRSGEFÜHLE
Graziös wirkt C. alpina ›Rosy Pagoda‹, *eine frühblühende winterharte Varietät.*

INTENSIVE SOMMERFARBEN
›Lady Londesborough‹, eine im Frühsommer blühende großblumige Hybride. Sie ist nahe mit der Art C. patens verwandt.

GLANZPUNKTE IM HERBST
Die Fruchtstände von C. tibetana wirken vor allem in der Herbstsonne wunderschön.

und komplexer aufgebaut bei C. macropetala. Später im Frühjahr blühen die starkwüchsige C. montana sowie etliche großblumige Hybriden wie ›Lady Londesborough‹ (*oben*). Von den letzteren blühen viele im Spätsommer oder Frühherbst noch einmal. Ihre Hauptblütezeit liegt jedoch zwischen spätem Frühjahr und Frühsommer.

VOM SOMMER ZUM HERBST
Klassische Sommerblüher sind die großblumigen Hybriden, insbesondere die Vertreter der Jackmanii-Gruppe und die Viticella-Sorten mit ihren eher kleinen Blüten. Die Wildart C. viticella blüht früher als die intensiv rote C. texensis, und Hybriden der beiden Arten leiten mit den verschiedensten Blütenfarben in den Spätsommer über.

Auch viele staudige Sorten und Wildarten blühen im Spätsommer. Zwei der beliebtesten Kletterer sind C. tangutica und C. tibetana subsp. vernayi, die kleine gelbe Glocken und hübsche Balgfrüchte bilden. Auch die staudige C. heracleifolia und ihre Zuchtsorten blühen jetzt. Sie duften sehr zart und haben ein dekoratives Blattwerk.

CLEMATIS MIT JAHRESZEITLICHEN BESONDERHEITEN

DEKORATIVES BLATTWERK
Die folgenden Arten beeindrucken auch außerhalb der Blütezeit mit besonders schönem Blattwerk:
C. aethusifolia farnartige Blätter
C. akebioides farnartige Blätter
C. cirrhosa var. **balearica** feingeteilte Blätter, im Winter bronzefarben
C. intricata farnartige Blätter
C. recta ›Purpurea‹ purpurfarbene Blätter, die später grün werden
C. tibetana feingeteilte blaugrüne Blätter

DEKORATIVE FRUCHTSTÄNDE
Diese Clematis bilden nach der Blütezeit schöne bauschige Balgfrüchte:
Alpina-Gruppe (*siehe S. 50 f.*)
Macropetala-Gruppe (*siehe S. 50 f.*)
C. ladakhiana
C. tibetana (*siehe Foto oben*)
C. tangutica
C. vitalba
›Bill MacKenzie‹

FARBENPRACHT

CLEMATIS SIND IN FAST ALLEN Farben außer leuchtendem Orange zu haben. Der Gartenfreund hat die Wahl unter hellen und dunklen, zarten und lebhaften Tönen: Von den kleinen blassgelben Glocken von *C. rehderiana*, die ähnlich wie Schlüsselblumen duften, bis hin zu den samtig tiefroten Tellerblüten der großblumigen Hybride ›Niobe‹.

CLEMATIS TANGUTICA

FARBEN FÜR JEDE JAHRESZEIT

An weiß blühenden Clematis kann man sich fast das ganze Jahr über erfreuen, angefangen bei *C. armandii* im zeitigen Frühjahr über *C. alpina* ›White Moth‹, *C. montana* f. *grandiflora*, ›Miss Bateman‹, ›Alba Luxurians‹ und ›Huldine‹ im Frühjahr und Sommer bis hin zu ›Paul Farges‹ im Herbst. Die Sorte ›Marie Boisselot‹ hat strahlend weiße Blütenblätter und cremefarbene Staubgefäße, bei ›Miss Bateman‹ und ›James Mason‹ dagegen sind letztere purpurfarben. Auch viele Wildarten, z. B. *C. flammula* und *C. potaninii*, haben kleine weiße Blüten, die auch noch duften. Das rötliche Blattwerk der staudigen *C. recta* ›Purpurea‹ ist im Sommer ein idealer Hintergrund für die zierlichen weißen Blüten, die weiß blühenden Alpina-Sorten haben zartgrüne Blätter.

SPEKTRUM DER FARBEN
Die Gattung Clematis bietet dem Gartenfreund auf Grund ihres außergewöhnlichen Farbenspektrums vielerlei Möglichkeiten. Die Palette reicht von reinem Weiß bis hin zu tiefem Violett, mit andersfarbigen Staubgefäßen. Manche Clematis haben darüber hinaus ein dunkles Blattwerk, vor dem die Blüten besonders reizvoll zur Geltung kommen.

CLEMATIS REHDERIANA

›MARIE BOISSELOT‹

›NIOBE‹

›ROYALTY‹

›THE VAGABOND‹

Blassrosa, zart lilarosa und silbrigviolette Hybriden wie ›Silver Moon‹, ›Dawn‹ und ›Wada's Primrose‹ neigen im hellen Sonnenlicht zum Verblassen; man pflanzt sie daher am besten an eine etwas schattige Stelle. Zartfarbene Frühblüher wie *C. montana* ›Tetrarose‹ und ›Warwickshire Rose‹

Rote Blüten wirken am schönsten in der Sonne, zartfarbige im Schatten

kommen vor ihren bronzefarbenen Blättern schön zur Geltung.

Die dunkleren Hybriden, vor allem die purpurfarbenen der Jackmanii-Gruppe und die lavendel- und himmelblauen wie ›Mrs. Cholmondeley‹ bzw. ›Perle d'Azur‹ blühen

üppig in praller Sonne. Die Sorten ›Fireworks‹ und ›Lady Northcliffe‹ brauchen dagegen etwas Schatten von oben.

Die rotblühenden Hybriden, darunter ›Ville de Lyon‹, ›Rouge Cardinal‹, ›Niobe‹ und ›Ernest Markham‹, sowie die Viticella-Gartensorten ›Kermesina‹ und ›Madame Julia Correvon‹ blühen in voller Sonne.

Es gibt zwar mehrere cremefarbene großblumige Hybriden, die einzigen leuchtend gelben Clematis findet man allerdings nur in der Tibetana-Gruppe; sie haben zwischen Hoch- und Spätsommer nickende gelbe Blüten. *C. tibetana*, *C. tangutica* und ›Bill MacKenzie‹ schmücken den Garten auch noch mit ihren Balgfrüchten. Sie eignen sich gut zur Kombination mit niedrigen Bäumen. Wer sich auch noch im Herbst an gelben Blüten erfreuen möchte, sollte die spät blühende *C. serratifolia* wählen.

CLEMATIS ALPINA ›WILLY‹

›JOHN WARREN‹

›COMTESSE DE BOUCHAUD‹

›JACKMANII‹

›W. E. GLADSTONE‹

CLEMATIS ALPINA ›FRANCES RIVIS‹

ATTRAKTIVE FARBKOMBINATIONEN

B ESONDERS SCHÖN IST ES, wenn man Clematis in Bäume oder über Sträucher wachsen lässt, wie dies auch in der Natur der Fall ist. Dabei eröffnen sich unzählige Möglichkeiten, Wuchsform, Blattwerk, Blütenform und Farben der Clematis mit den Charakteristika der jeweiligen Stützpflanze zu kontrastieren. Bei unterschiedlichen Blütezeiten ergibt sich darüber hinaus gleich zweimal ein Genuss fürs Auge.

SO SCHAFFT MAN KONTRASTE

Selbst in einem bepflanzten Garten findet sich noch Platz für eine Clematis – gemessen an der Wirkung ist ihr Raumbedarf sehr gering. Außerdem kann man mit der Clematis die senkrechte Dimension des Gartens betonen. Reizvolle Effekte werden mit zwei Clematis aus der gleichen Gruppe erzielt, die unterschiedliche Blütenfarben haben, z. B. *C. macropetala* ›Markham's Pink‹ und ›Blue Lagoon‹ oder ›White Swan‹.

Frühblüher wie die Alpina- und Macro-petala-Sorten haben ein sehr üppiges Blattwerk, das ausgedünnt werden muss, soll es die Partnerpflanze nicht ersticken.

Die frühen großblumigen Hybriden blühen etwa zur gleichen Zeit wie die Säckelblume (*Ceanothus*) und Rosen (*siehe S. 16*).

> Goldfarbenes Blattwerk
> passt zu purpurnen Blüten,
> silbernes zu blauen

Die Sorte ›Guernsey Cream‹ mit ihren hellen, cremefarbenen Blüten harmoniert wunderschön mit den unterschiedlichen Blautönen der Säckelblume. Sträucher mit purpur- und silberfarbenem Laub verstärken die Wirkung der Blütenfarben.

Blüten in dunklen oder intensiven Purpur- und Violett-Tönen wie *C. viticella* ›Mary Rose‹ und ›Royalty‹ wirken zwischen dunkelgrünen Blättern verloren. Besser heben sie sich von goldfarbenem Laub ab, z. B. dem des Schwarzen Holunders

KÜHLE FARBEN
Harmonisch wirken die Blüten von C. montana *zusammen mit dem Blauregen* Wisteria sinensis – *ein idealer Pergolabewuchs.*

⚠ HELL UND DUNKEL
*Die purpurfarbenen Blätter
des Perückenstrauchs bilden
einen idealen Hintergrund für
die weiße C. potaninii.*

◀ GOLDENE BLÄTTER
*Blätter der Orangenblume im
Kontrast zu purpurnen Blüten
von C. viticella.*

Sambucus nigra ›Sutherland Gold‹ oder des Pfeifenstrauchs *Philadelphus coronarius* ›Aureus‹.

CLEMATIS IN DER RABATTE

Die meisten sommer- und herbstblühenden Clematis lassen sich mit Stauden kombinieren, ohne dass letztere von ihnen erdrückt werden. Die Hybriden ›The President‹, ›Madame Julia Correvon‹ und ›Duchess of Albany‹ passen hervorragend zu Phlox, Beifuß, Astern, Fuchsien und sogar Gräsern.

Bei den Farben sind der Phantasie keine Grenzen gesetzt. Natürlich kann man auch eine kletternde durch eine staudige Clematis hindurchwachsen lassen.

EMPFEHLENSWERTE ZUSAMMENSTELLUNGEN

PFLANZENKOMBINATION	WIRKUNG
›**Asao**‹ mit dem bis 5 m hohen Perückenstrauch *Cotinus coggygria* ›Royal Purple‹.	Große dunkelrosa Blüten erscheinen im Frühsommer vor dem purpurroten Blattwerk.
›**Ernest Markham**‹ mit der Berberitze *Berberis thunbergii* f. *atropurpurea*.	Rote Blüten leuchten ab Hochsommer zwischen den purpurnen Blättern der Berberitze.
›**Gipsy Queen**‹ mit Wiesenhafer *Helictotrichon sempervirens*, einem immergrünen Gras.	Im Hoch- und Spätsommer beleben violette Blüten das Graublau der Grashalme.
›**Etoile Violette**‹ mit der Zierbirne *Pyrus salicifolia* ›Pendula‹ mit hängenden Ästen.	Vom Spätsommer bis zum Herbst heben sich tiefviolette Blüten vom silbrigen Blattwerk ab.
›**Gravetye Beauty**‹ mit der Bartblume *Caryopteris* × *clandonensis* ›Heavenly Blue‹.	Tiefrote Clematisblüten verschmelzen im Spätsommer mit sanftem Blau der Bartblume.
Clematis × *durandii* mit der winterharten Kapuzinerkresse *Tropaeolum polyphyllum*.	Die gelb blühende Kapuzinerkresse kontrastiert mit dunklem Violettblau der Clematisblüten.

CLEMATIS UND ROSEN

DIE MEISTEN STRAUCH- UND KLETTER-ROSEN haben ähnliche Blütezeiten und Pflegeansprüche wie viele Clematis-Sorten. Außerdem eignen sie sich durch ihren Wuchs und ihre Größe ideal als Stützpflanzen. So lassen sich z. B. Rambler-Rosen von 3–10 m Höhe, die eine Vielzahl kleiner, zartfarbener Blüten hervorbringen, schön mit Clematis-Hybriden kombinieren, die in unzähligen Farbtönen erhältlich sind.

PFLANZKOMBINATIONEN

Regelmäßiges Düngen und etwas Gießen fördert die Blühfreudigkeit nicht nur bei Rosen, sondern auch bei Clematis. Es empfiehlt sich darauf zu achten, dass die Schnittzeiten beider Pflanzen überein-stimmen. Allerdings sollte man keine Arten oder Sorten zusammenbringen, die anfällig für Mehltau sind (bei Clematis z. B. *C. crispa* und die Texensis-Gruppe),

STARKER KONTRAST

Hier rankt sich eine ›Jackmanii Rubra‹ mit ihren dunkelrosa Blüten um eine Moschusrose ›Buff Beauty‹ – eine ideale Kombination!

da diese Pflanzenkrankheit leicht übergreift. Die früh blühenden Alpina- und Macro-petala-Vertreter mit ihrem ausgesprochen dichten Wuchs sind ideal zum Beranken der meist blätterlosen unteren Stammteile von Rambler- und Kletter-Rosen. Weniger gut eignen sie sich für den Bewuchs mit niedrigen Strauchrosen, es sei denn, man dünnt ihre Triebe regelmäßig aus. Früh blühende Clematis, bei denen zumeist kein Rück-schnitt erforderlich ist, gewinnen, wenn man sie in der Übergangszeit zwischen Winter und Frühjahr bis auf fünf oder sechs Triebe ausdünnt, die man an den Rosen befestigt. So vermeidet man das dichte Gewirr, das

▲ FEIN ABGESTIMMT
Die malvenrosa Blüten der ›Hagley Hybrid‹ vermitteln den Eindruck, die Rosa glauca erlebe eine zweite Blüte.

◄ PASTELLFARBEN
Die lavendelblauen Blüten von ›Mrs. Cholmondeley‹ harmonieren gut mit den weichen muschelrosa Blüten der Kletterrose ›New Dawn‹.

sich bei komplettem Verzicht auf den Rückschnitt unweigerlich bildet. Wie die Rosen treiben dann auch die Clematis zwar weniger, dafür aber gleichmäßig über die Pflanze verteilte Blüten.

Zum Kombinieren mit Rosen eignen sich grundsätzlich alle im Sommer und danach blühenden großblumigen Hybriden und auch die kleinblütigen Viticella-Vertreter.

gar keine Blüten; sie bieten sich als Partner für die Spätblüher an, die Jackmanii-Sorten und die kleinblütigen Viticella-Hybriden. Diese werden im Frühjahr stark zurückgeschnitten. Am besten dünnt man die nachwachsenden Triebe aus und ordnet sie gleichmäßig um die Rose an, damit sie die Stützpflanze nicht einseitig belasten und ihre Blüten verdecken.

Späte großblumige Hybriden und Viticella-Sorten sind ideale Partner für alte Rosen

Die frühen großblumigen Hybriden blühen etwa zur gleichen Zeit wie die meisten Rosen (zwischen Früh- und Hochsommer), so dass man auf Farbe und Wirkung achten sollte: ein dezentes Arrangement aus zarten Pastelltönen oder eine kontrastreiche Zusammenstellung leuchtender Blütenfarben. Alte Rosen haben im Spätsommer nur noch wenige bis

SCHÖNE KOMBINATIONEN

›**Margot Koster**‹ mit tiefrosa Blüten und die violett blühende Rambler-Rose ›Veilchenblau‹.

Weißviolette Blüten von ›**Silver Moon**‹ mit der dunkelrosa Rose ›Gertrude Jekyll‹.

›**Corona**‹ mit rosafarbenen, leicht purpurrot angehauchten Blüten und die violettpurpurne Perpetual-Hybridrose ›Reine des Violettes‹.

Weiße Blüten von ›**Gillian Blades**‹ (siehe S. 58) mit der rosafarbenen *Rosa × richardii*.

Violett blühende ›**Royalty**‹ mit den dottergelben Blüten der Rose ›Alister Stella Gray‹.

Weiß in Weiß mit ›**Marie Boisselot**‹ und der Rose ›Climbing Iceberg‹.

CLEMATIS IN DER RABATTE

ALS RABATTENBEPFLANZUNG sind Clematis attraktiver als viele Sträucher und winterharte Stauden. Man hat die Wahl unter staudig wachsenden Clematis, früh blühenden Hybriden, für die man am besten ein Dreibein aufstellt, und spät blühenden Hybriden zum Beranken der übrigen Bepflanzung. Ideal ist es, wenn man für die Clematis schon bei der Planung einen Platz vorsieht und sie nicht erst später integriert.

STAUDIGE CLEMATIS

Am einfachsten lassen sich die staudigen Clematis-Typen in Rabatten einbringen; mit ihrem kompakten Wuchs benötigen sie – anders als die kletternden Arten und Sorten – keine Rankhilfe. C. *heracleifolia* und ihre Abkömmlinge wachsen buschig, gedeihen am besten in der Sonne oder im Halbschatten und bilden duftende blassblaue Blüten über sehr großen dreizähligen Blättern. Andere staudige Arten wie C. *recta* und C. *integrifolia* brauchen Zweige, Kletter-stäbe, Pflanzringe oder kräftige Nachbarpflanzen als Stützen. Schön wirken sie auch an Abschlussmauern oder Böschungen, die sie mit ihren hängenden Ranken bedecken.

Einige Clematis sind hervorragende Bodendecker, z. B. C. × *jouiniana*, die bis zu 4 m breite Flächen überwuchert und nach dem Winterschnitt Platz für ein Arrangement aus Frühjahrsblumen bietet. Wenn diese verblüht sind und absterben, übernimmt wieder die Clematis diesen Gartenbereich.

BLAUE SPRENKEL
Die violettblauen Blüten von C. × durandii *machen sich in einer Rabatte besonders schön mit Katzenmelisse* (Nepeta sibirica) *und Geißraute* (Galega). *C.* × durandii *wächst strauchig, braucht aber die Zweige der Nachbarpflanzen als Stützen.*

◀ PLATZ FÜR TIERE
*Im Spätsommer
ziehen C. heracleifolia
var. davidiana und
Fetthenne (Sedum)
›Herbstfreude‹ Bienen
und Schmetterlinge
an.*

▼ TRAUM IN WEISS
*Die kleinen weißen
Blüten von C. flam-
mula harmonieren gut
mit der weiß blühen-
den Vexiernelke
›Alba‹. Beide wachsen
an trockeneren
Standorten.*

WAS ZU BEACHTEN IST

Die frühen großblumigen Hybriden lassen
sich leicht durch Sträucher ziehen, sind aber
schlechter in eine Rabatte zu integrieren.
Man kann sie über Dreibeine wachsen
lassen und setzt so einen reizvollen Akzent.

Die Clematis der Viticella-, Texensis- und
Jackmanii-Gruppe sehen auf Stützpflanzen
oder an Kletterhilfen dekorativ aus, breiten
sich aber auch ohne Hilfe aus und verschönern jedes spätsommerliche Arrangement.
Stark zurückgeschnitten werden sie im zeiti-

Eine hohe Hybride betont die senkrechte Ausdehnung des Gartens

gen Frühjahr, ebenso wie die meisten winter-
harten Stauden. Lässt man sie durch andere
Pflanzen wachsen, sollte man die neuen
Triebe gut ausdünnen und die verbleibenden
verteilen, am Boden fixieren (*siehe S. 33*)
oder durch die Zweige von Nachbarpflanzen
führen. Unterlässt man dies, bilden die Triebe
Knäuel, die die Stützpflanze ersticken. Für die
meisten starkwüchsigen Stauden, z. B. Phlox
oder Staudenastern, sind ein, zwei Clematis-
ranken kein Problem.

MIT BÄUMEN UND STRÄUCHERN

BÄUME UND STRÄUCHER sind die natürlichen Partner der kletternden Clematis. Besonders während der Blütezeit ist ein ansonsten kahler Baumstamm, umgeben von blühenden Ranken, wunderhübsch. Es gibt kaum einen schöneren Anblick als einen großen Baum, der ganz und gar in die weißen oder zartrosa Blüten von C. *montana* gehüllt ist. Manche Arten, z. B. C. *vitalba*, neigen dazu, ihre Partner vollkommen zu überwuchern.

GEEIGNETE STÜTZPFLANZEN

Soll ein Baum oder Strauch mit Clematis berankt werden, so ist darauf zu achten, dass sein Wurzelwerk nicht mit dem der Clematis um Wasser und Nährstoffe konkurriert. Man pflanzt die Clematis am besten etwas entfernt und legt jedes Frühjahr eine Mulchschicht aus gut verrottetem Mist an. Außerdem ist die Größe der Stützpflanze im Verhältnis zur Wuchsfreudigkeit der Clematis zu berücksichtigen: Kleine Bäume oder Sträucher können mitunter das Gewicht nicht tragen und werden regelrecht erdrückt.

Clematis sollten nicht neben Bäume mit sehr dichtem Wurzelwerk, z. B. Buche oder Kirsche, gepflanzt werden. Ältere Nadelbäume eignen sich als Kletterhilfe, wenn man die Clematis ca. 1–2 m außerhalb der Trauflinie (dem Regenschatten im Umkreis

▲ STAMM IM BLÜTENKLEID
C. alpina *wächst gut an niedrigen Bäumen. Über Stäbe oder gespannte dünne Seile erreichen die Ranken rasch die unteren Äste und haben die Kletterhilfe bald überwuchert.*

◀ REIZVOLLER BLATTHINTERGRUND
Auch bereits verblühten Sträuchern geben Clematis ein hübsches Aussehen, hier z. B. die Sorte ›Cardinal Wyszynski‹ auf einem Rhododendron ›Goldsworth Yellow‹.

EIN AUGENSCHMAUS
*Flieder ist eine ideale
Stützpflanze für
Clematis. An diesem
Strauch beeindrucken
im Sommer, wenn er
verblüht ist, die zwei
Hybriden ›Fireworks‹
(die bis 3 m hoch
klettert) und ›Lady
Northcliffe‹ (die den
unteren Bereich
schmückt).*

der Äste) pflanzt. Sie kann am Boden, an einem dünnen, gespannten Seil oder einem Kletterstab entlang den Baum erreichen.

AUF GUTE NACHBARSCHAFT

Fast alle großblumigen Hybriden, Viticella-Sorten und kompakt wachsenden Wildarten lassen sich mit 2–5 m hohen Sträuchern kombinieren. Vertreter der Alpina- und Macropetala-Gruppe passen gut in kleinere Bäume mit tief ansetzendem, stark verzweigtem Geäst, z. B. Ahorn oder Magnolien.

Für große Bäume empfiehlt sich *C. montana. C. potaninii* und ›Paul Farges‹ sorgen für kleine weiße Blüten. *C. tangutica* und

›Bill MacKenzie‹ erreichen 5–7 m Höhe und blühen in gelben Glocken. Etliche Arten der Montana-Gruppe klettern über 8 m; ein Baum muss daher groß genug sein, damit die sehr starkwüchsige Clematis ihn nicht erdrückt. Bei hohen Bäumen ist der Rückschnitt sehr schwierig.

Beim Bewuchs von Sträuchern sollte man die Blütezeit beider Pflanzen abstimmen und den Schnitt berücksichtigen. Im Spätsommer blühende Clematis werden zumeist stark zurückgeschnitten; beranken sie jedoch einen Strauch, sollte man nicht alle Triebe kürzen, damit die Blüten sich gleichmäßig über die gesamte Höhe verteilen.

GEEIGNETE STÜTZPFLANZEN FÜR CLEMATIS

BÄUME	STRÄUCHER
Ahorn *Acer tataricum* subsp. *ginnala*	**Berberitze**, z. B. *Berberis thunbergii*
Trompetenbaum *Catalpa bignonioides* ›Aurea‹	**Schmetterlingsflieder**, z. B. *Buddleja alternifolia* ›Argentea‹
Scheinzypresse, z. B. *Chamaecyparis lawsoniana* ›Pembury Blue‹	**Säckelblume**, z. B. *Ceanothus* ›Cascade‹
Magnolie *Magnolia* × *soulangeana*	**Erika**, z. B. *Erica carnea* ›Springwood White‹
Holzapfel *Malus* × *zumi* ›Golden Hornet‹	**Perückenstrauch**, z. B. *Cotinus coggygria* ›Royal Purple‹
Kiefer, z. B. *Pinus sylvestris*	**Hortensie** *Hydrangea aspera* Villosa-Gruppe
Zierbirne *Pyrus salicifolia* ›Pendula‹	**Wacholder**, z. B. *Juniperus pfitzeriana* ›Aurea‹
Eberesche, z. B. *Sorbus aucuparia*-Gruppe	**Flieder**, z. B. *Syringa vulgaris* ›Mme Lemoine‹
Eibe, z. B. *Taxus baccata* ›Fastigiata‹	**Pfeifenstrauch**, z. B. *Philadelphus* ›Belle Etoile‹
Lebensbaum, z. B. *Thuja plicata*	**Rhododendron**, z. B. *Rhododendron* ›Sappho‹

BEGRÜNUNG VON MAUERN

CLEMATIS AN WÄNDEN, Zäunen, Spalieren und anderen Klettergerüsten sind stets ein wunderschöner Blickfang. Außer Rosen gibt es kaum andere Pflanzen, mit denen sich in kurzer Zeit so attraktive Wandbegrünungen realisieren lassen wie mit Clematis. Die Triebe sind leicht und klettern mühelos; sie brauchen lediglich ein klein wenig Unterstützung durch Ösen mit dazwischen aufgespannter Rankleine.

GUT GESTÜTZT

Ein dichter Bewuchs bildet sich, wenn man Gitter oder Geflechte anbringt, z. B. aus leichtem Kunststoff oder Holz. Auch andere Kletterpflanzen, insbesondere Rosen, können als Stütze dienen. Bei den früh blühenden Hybriden werden die Blätter gegen Ende des Sommers manchmal unansehnlich. Dies lässt sich hervorragend verbergen, wenn man die Clematis mit anderen Kletterpflanzen zusammenpflanzt.

Das schöne ledrig glänzende Blattwerk der immergrünen C. *armandii* braucht einen geschützten Standort. Gleiches gilt für die winterblühende C. *cirrhosa* und deren Abkömmlinge: Ihre fein geteilten Blätter und die gelblichweißen Blüten kommen am besten zur Geltung, wenn die Pflanze über einen Bogen oder Laubengang wuchert. In der Montana-Gruppe findet man Clematis mit bronzefarbenen Blättern, z. B.

▲ MAUERBLÜMCHEN
Zwei beliebte Clematis – ›Nelly Moser‹ mit rotem Mittelband und die tief violettblaue Sorte ›The President‹ – ranken sich eine Backsteinsäule empor.

◀ GUT GESCHÜTZT
C. armandii ›Apple Blossom‹ *entwickelt an einer geschützten Wand eine Fülle weißer Blüten, die mit den glänzenden Blättern kontrastieren.*

›Warwickshire Rose‹, die bis 10 m hoch klettert und sich dank ihres starken Wuchses ideal zum Begrünen von Fassaden eignet.

Für etwa 2–3 m hohe, der Witterung ausgesetzte Wände und Zäune sind Vertreter der Alpina- und Macropetala-Gruppe die beste Wahl: Ihre gesägten Blätter wirken ebenso dekorativ wie die Blüten im Frühjahr und die Fruchtstände im Sommer.

Frühe großblumige Hybriden wie ›Marie Boisselot‹ bilden oft lange Triebe, die nur

Unschönes Mauerwerk kaschieren die Montana- Abkömmlinge

im vorderen Bereich blühen. Windet man sie spiralig um Dreibeine oder andere Klettergerüste, erreicht man eine bessere Verteilung der Blüten. Bei den starkwüchsigen spät blühenden Hybriden funktioniert dies weniger gut, denn ihre Triebe wachsen so schnell senkrecht nach oben, dass sie sich kaum ziehen lassen. Man kombiniert sie besser mit Geißblatt oder Rosen, an denen sie nach Belieben hochklettern können.

▲ ÜPPIGER WUCHS
Die starkwüchsige C. montana eignet sich ideal als Zaunschmuck und zum Verdecken hässlicher Mauern. Sie blüht im späten Frühjahr.

▼ FARBENOBELISK
Die Sorte ›Etoile Violette‹ und die Gartenwicke ›Noel Sutton‹ wachsen beide schnell – von dem pyramidenförmigen Klettergerüst ist im Spätsommer nichts mehr zu sehen.

CLEMATIS IN PFLANZKÜBELN

Schon in Pflanzkübeln entfalten Clematis ihre ganze Schönheit und schmücken so Innenhöfe, Terrassen und Balkone. Ungeeignet sind nur die ausgesprochen starkwüchsigen Arten und Sorten, z. B. die Vertreter der Montana-Gruppe. Am besten kombiniert man das Pflanzgefäß mit einer Rankhilfe, z. B. einem Dreibein, einer Holzpyramide, einem geflochtenen Konus aus Weidenruten oder einer Drahtkonstruktion (*siehe S. 36–37*).

PRAKTISCHE GESICHTSPUNKTE

Je stärker die gewählte Art oder Sorte wächst, desto größer muss das Gefäß sein; auch bei den sehr kompakt wachsenden Züchtungen aus jüngerer Zeit sollten 45 cm Durchmesser und Tiefe nicht unterschritten werden. Man füllt das Pflanzgefäß mit lehmhaltiger Komposterde, der man einen Langzeitdünger beimischt. Regelmäßiges Gießen ist unabdingbar, und eine dünne Schicht aus Kies hält die Feuchtigkeit im Boden.

Pflanzt man eine zwei Jahre alte Clematis mit gut ausgebildetem Wurzelstock, ist sie bereits im ersten Jahr nach dem Einpflanzen ein schöner Anblick. In jedem folgenden Jahr sollte man die obersten 10 cm Komposterde entfernen (vorsichtig, damit die Wurzeln nicht leiden) und durch frische

▲ EXOTISCHE PYRAMIDE
C. florida ›Sieboldii‹ wächst hervorragend in Kübeln und ist mit ihren ungewöhnlichen Blüten ein schöner Blickfang.

◀ ÜPPIGE PRACHT
An einer problemlosen Sorte mit langer Blühdauer wie ›Comtesse de Bouchaud‹ hat man viele Wochen lang Freude.

ersetzen. Die Pflanze blüht üppig, wenn man während der Wachstumsphase flüssigen Algendünger oder einen Spezialdünger zugibt.

Am besten wählt man eine Sorte wie ›Arabella‹ mit langer Blütezeit und beschränkter Wuchshöhe (1–2 m). Auch ›Niobe‹ eignet

Clematis in Pflanzkübeln brauchen im Sommer täglich Wasser

sich, durch leichtes Stutzen lässt sich ihre Blütezeit verlängern. Mit einer früh und einer spät blühenden Clematis hat man lange Freude an der Blütenpracht, muss aber beim Rückschnitt behutsam vorgehen. Zwei gleichzeitig blühende Clematis erlauben schöne Farbkombinationen.

GEEIGNETE ARTEN UND SORTEN

Alpina-**Gruppe** (*siehe S. 50–51*)
Macropetala-**Gruppe** (*siehe S. 50–51*)
Viticella-**Gruppe** (*siehe S. 66–67*)
C. florida ›**Alba Plena**‹ weiß, gefüllt
›**Barbara Dibley**‹ petunienrot
›**Beauty of Worcester**‹ mittelblau
›**Bees' Jubilee**‹ (*siehe S. 57*) hellrosa
›**Carnaby**‹ (*siehe S. 57*) dunkelrosa
›**Comtesse de Bouchaud**‹ (*siehe S. 62*) rosa
›**Countess of Lovelace**‹ (*siehe S. 61*) violettblau
›**Elsa Späth**‹ (*siehe S. 54*) tiefblau
›**H. F. Young**‹ (*siehe S. 54*) mittelblau
›**Hagley Hybrid**‹ (*siehe S. 62*) zart malvenrosa
›**John Huxtable**‹ weiß
›**Miss Bateman**‹ (*siehe S. 58*) weiß
›**Mrs. George Jackman**‹ (*siehe S. 61*) cremeweiß
›**Niobe**‹ (*siehe S. 59*) rubinrot
›**Perle d'Azur**‹ (*siehe S. 8*) himmelblau
›**Proteus**‹ (*siehe S. 61*) malvenrosa

▲ AUS ÜBERSEE
Zierlich wirkt die immergrüne Clematis C. × cartmanii ›Joe‹ aus Neuseeland. Sie braucht im Winter einen trockenen, geschützten Standort.

◄ WUCHERFREUDIG
Dekorativ überwuchert C. macropetala ›Maidwell Hall‹ hier einen Steinguttopf. Die Triebe ranken sich an einem Netz um das Gefäß.

PFLEGE DER CLEMATIS

VOR DEM KAUF

D IE GROSSE AUSWAHL an Clematis, die heute in den Gartencentern vorhanden ist, verleitet mitunter zu einem Spontankauf. Besser ist es, sich erst zu vergewissern, um welchen Typ es sich handelt, wann die Clematis blüht und zu welcher Schnittgruppe sie gehört. Auch die Standortfrage ist zu bedenken: Muss die Clematis gestützt werden, und welche Stützen sollten vorhanden sein?

TIPPS FÜR DIE AUSWAHL

Zwei Jahre alte Clematis wie die rechts gezeigte lassen sich problemlos auspflanzen, und da sie rasch wachsen, lohnt die kleine Mehrausgabe allemal. Die Pflanze sollte mehrere Haupttriebe und gesunde Blätter entwickelt haben. Ihre Wurzeln sollten so stark sein, dass man sie durch das Loch unten im Topf sieht, sie aber nicht herauswachsen. Größere Clematis sind unpraktisch zu transportieren: Beim Transport ist darauf zu achten, dass die Triebe nicht geknickt werden; Stützen und Schutzhüllen werden erst nach dem Auspflanzen entfernt.

DIE OPTIMALE PFLANZE
Vor dem Kauf sollte man die Pflanze genau betrachten: Ihre Höhe ist weniger wichtig als Anzahl und Stärke der Triebe. Blütenknospen müssen nicht vorhanden sein, obwohl dies bei zweijährigen Pflanzen meist der Fall ist.

Gleichmäßiges Blattwerk an der ganzen Pflanze

Mehrere Triebe

Gut ausgebildetes und gesundes Wurzelwerk

TIPPS FÜR DEN KAUF

• Im Container gezogene Clematis kann man zu jeder Jahreszeit auspflanzen, Hitzeperioden sind zu meiden.

• Da Clematis so beliebt sind, bestellt der Händler relativ oft nach. Angeschlagen wirkende Pflanzen lassen Sie deshalb lieber stehen und warten auf die nächste Lieferung.

• Ist eine bestimmte Clematis nicht im Gartencenter erhältlich, kann man bei einer Versandbaumschule bestellen.

◄ GROSSARTIGES FINALE *Den gelben Glocken von* Clematis tibetana *folgen im Herbst Balgfrüchte.*

EIN SPALIER ZUM WEGKLAPPEN

DIE MEISTEN CLEMATIS BRAUCHEN STÜTZEN wie Drähte oder Latten als Rankhilfen. Will man eine Wand begrünen, ist das Spalier eine ideale Möglichkeit, zumal wenn es samt Bewuchs wegklappbar ist wie das hier gezeigte. Bei Backsteinwänden bietet es sich an, das Spalier an den Steinlagen auszurichten. Spaliere bekommt man auch als Bausatz (z. B. zur Verkleidung von Regenrohren).

EIN SPALIER ANBRINGEN

SIE BENÖTIGEN:

MATERIAL
• Spalier aus verschraubten Kanthölzern
• 2 Latten, 35 x 25 mm, Länge entsprechend der Spalierbreite
• 6 Schrauben, 8 x 50 mm
• 8er-Mauerdübel
• 2 Scharniere mit Schrauben
• 2 Haken mit Ösen

WERKZEUG
• Bleistift
• Maßband
• Bohrmaschine mit Holz- und Steinbohrern
• Hammer
• Körner
• Schraubenzieher

1 **Halten** Sie das Spalier an die Wand und richten Sie es an den Backsteinlagen aus. Markieren Sie oben, unten und seitlich seine Position.

2 **Bohren** Sie zum Anschrauben an die Wand drei Löcher in jede Latte: eines an jedem Ende und eines in der Mitte. Legen Sie beim Bohren ein Brett unter.

3 **Richten** Sie die Latten an den Wandmarkierungen für das Spalier aus.

4 **Markieren** Sie die Position der Bohrlöcher an der Wand. Dann nehmen Sie die Latten wieder weg, bohren die Löcher (*siehe kleines Bild*) und schlagen die Mauerdübel ein.

5 **Schrauben** Sie die obere Latte fest, nachdem Sie geprüft haben, dass ihre Oberkante an den Spaliermarkierungen ausgerichtet ist.

6 **Schrauben** Sie die Scharniere unten an die zweite Latte, nachdem Sie die Löcher mit dem Körner markiert haben. Richten Sie auch diese Latte an den Spaliermarkierungen aus und schrauben Sie sie fest.

7 **Halten** Sie das Spalier so, dass seine Unterkante parallel zur unteren Latte ist (dafür brauchen Sie eine Stütze). Schrauben Sie die zweiten Scharnierflügel an das Spalier (*siehe oben*).

8 **Klappen** Sie das Spalier hoch und kontrollieren Sie, ob es parallel zur oberen Latte ist. Dann schrauben Sie Haken in die Stirnseiten der oberen Latte und Ösen an die passenden Stellen am Spalier (*siehe kleines Bild*).

VERKLEIDEN EINES REGENROHRS

1 **Ordnen** Sie die Spalierstreifen nach Vorgabe gitterförmig an und fixieren Sie die Enden mit Gummiringen.

2 **Stellen** Sie das Spalier auf und befestigen Sie es mit den mitgelieferten Kunststoffbindern am Regenrohr.

3 **Ziehen** Sie die Gummiringe ab. Ziehen Sie die Triebe aufs Spalier und binden Sie sie locker an.

AUSPFLANZEN UND GIESSEN

Clematis pflanzt man am besten im Herbst oder im zeitigen Frühjahr. Es bietet sich an, beim Auspflanzen eine Bewässerungshilfe zu integrieren (*siehe S. 31*). Clematis brauchen Licht und auch Sonne, damit sie üppig blühen, ihre Wurzeln jedoch sind kühl zu halten. Eine Mulchschicht über der Pflanzstelle sorgt für einen schattigen Fuß. Der Boden selbst muss durchlässig sein: Soll die Pflanze gut anwachsen, braucht sie ausreichend Nährstoffe und Wasser.

CLEMATIS AN WÄNDEN UND ZÄUNEN

Soll die Clematis an einer Wand gepflanzt werden, sind etwa 30 cm Abstand zum Fundament einzuhalten, vor allem, wenn Regenrohre überstehen. In Wandnähe ist der Boden normalerweise sehr trocken. Heben Sie eine ausreichend große Grube aus, so dass der Wurzelansatz 10–20 cm tief liegt. Das begünstigt die Entwicklung von Trieben aus dem Wurzelstock, wenn man die Clematis gleich nach dem Auspflanzen zurückschneidet.

Bei schweren Böden verbessert eine Schicht Feinkies am Grubenboden die Durchlässigkeit. Die Gartenerde sollte – speziell unten – mit gut verrottetem Mist und etwas Knochenmehl versetzt werden (am besten tragen Sie dabei Handschuhe). Gießen Sie die Clematis an und decken Sie die Pflanzstelle ab, jedoch nicht mit Rindenmulch.

BESCHATTEN DER WURZELN
- Gut verrotteter Dung empfiehlt sich bei Clematis in Rabatten oder neben Sträuchern.
- An Wänden ist grober oder feiner Kies ideal.
- Niedrig wachsende Pflanzen vor der Clematis halten die Sonne vom Wurzelbereich ab.

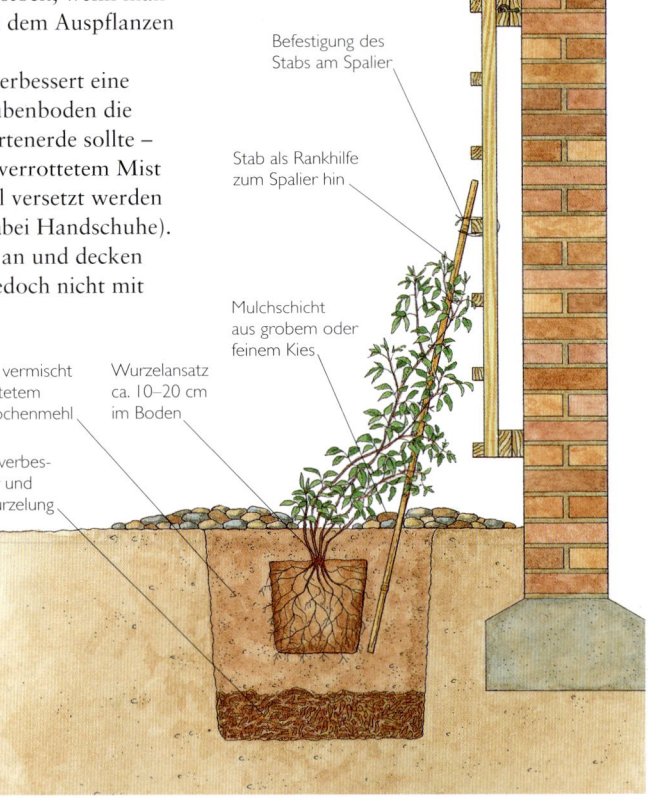

Befestigung des Stabs am Spalier

Stab als Rankhilfe zum Spalier hin

Mulchschicht aus grobem oder feinem Kies

Gartenboden, vermischt mit gut verrottetem Dung und Knochenmehl

Wurzelansatz ca. 10–20 cm im Boden

Gut verrotteter Dung verbessert die Bodenstruktur und fördert seine Durchwurzelung

TIEF EINPFLANZEN
Pflanzen Sie die Clematis tief ein und mischen Sie die Gartenerde mit gut verrottetem Mist oder Kompost. Eine Mulchdecke verhindert, dass der Boden austrocknet.

EINEN STRAUCH BERANKEN

Pflanzen Sie die Clematis ein Stück von der Stützpflanze entfernt, damit keine Konkurrenz um Nährstoffe und Wasser eintritt. Die Clematis sollte außerhalb der Trauflinie und des Regenschattens des Strauchs stehen. Bei jungen Sträuchern muss die endgültige Größe bedacht werden. Eine starkwüchsige Clematis kann ihre Stützpflanze erdrücken.

1 **Heben** Sie eine Grube von mindestens 45 cm Breite und Tiefe aus. Mischen Sie die Erde mit verrottetem Mist.

2 **Markieren** Sie die Bodenhöhe mit einem Stab, der Wurzelansatz der Clematis muss gut 10 cm darunter liegen.

3 **Decken** Sie die Pflanze nach dem Angießen mit Kompost ab, nun den Stützstab zum Strauch hinneigen.

WASSERVERSORGUNG

Die meisten Clematis brauchen reichlich Wasser, damit sie gut anwachsen. Wenn Sie beim Auspflanzen ein Stück Rohr oder einen Blumentopf neben der Pflanze eingraben, erreicht das Gießwasser eher die Wurzeln. Gießt man auf herkömmliche Weise, bilden sich bevorzugt im oberen Bereich Wurzeln, und die Pflanze trocknet leichter aus. Auch die Mulchschicht hindert das Wasser am Eindringen, und bei starker Hitze verdunstet ein großer Teil.

Ist die Clematis gut angewachsen, braucht sie nicht mehr gegossen zu werden, sofern der Boden mit verrottetem Dung oder Kompost angereichert wurde und sich tiefe, weit verzweigte Wurzeln bilden konnten. Die Mulchdecke sollte man ab und zu erneuern.

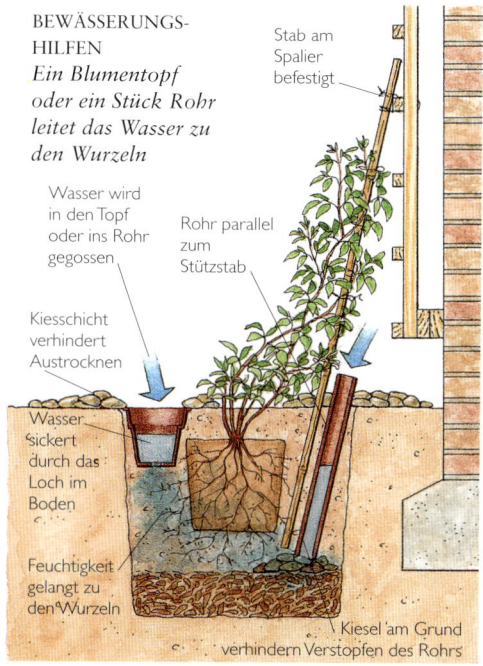

BEWÄSSERUNGS-
HILFEN
Ein Blumentopf oder ein Stück Rohr leitet das Wasser zu den Wurzeln

Wasser wird in den Topf oder ins Rohr gegossen

Kiesschicht verhindert Austrocknen

Wasser sickert durch das Loch im Boden

Feuchtigkeit gelangt zu den Wurzeln

Stab am Spalier befestigt

Rohr parallel zum Stützstab

Kiesel am Grund verhindern Verstopfen des Rohrs

ALLERLEI RANKHILFEN

AUSSER DEN STAUDIGEN TYPEN neigen alle Clematis dazu, sich um Zweige einer Stützpflanze oder einen anderen Halt zu ranken. Man könnte sie also einfach wachsen lassen. Meist aber blühen sie besser und üppiger, wenn man ihre Triebe gleichmäßig über ein Spalier oder einen Strauch zieht oder am Boden festmacht. Überlässt man die Clematis sich selbst, bilden sich dichte Ranken-knäuel mit weniger, kleineren und oft vom Blattwerk verdeckten Blüten.

ANBINDEN DER TRIEBE

Die Triebe einer frisch ausgepflanzten Clematis bindet man am besten locker mit Gartenschnur oder Bast am Gerüst fest. Sie beginnen dann, ihre Blattstiele um die Stütze zu winden. Die Pflanzen blühen gleichmäßiger, wenn man die Haupttriebe zunächst waagerecht zieht oder spiralig um eine Säule. Spät blühende Hybriden wachsen so schnell, dass sie sich meist nicht ziehen lassen.

IDEEN FÜR KLETTERHILFEN

• Senkrecht zwischen Mauerösen gespannter Draht an einer Wand oder den Pfosten einer Pergola; grober Maschendraht fällt ebenfalls weniger auf als ein Spalier
• Pyramidenförmiges Klettergerüst
• Zeltartig zusammengebundene Hasel- oder Weidenruten

▲ KLETTERTECHNIK DER CLEMATIS
Clematis sind Blattstielranker. Sie winden ihre Blattstiele um Draht, gespannte Schnur oder die Zweige anderer Pflanzen.

▶ LOCKER ANGEBUNDEN
Beim Anbinden der empfindlichen Triebe ist darauf zu achten, dass sie nicht an der Stütze scheuern.

ZIEHEN AM BODEN

Spät blühende Clematis, vor allem die Texensis- und Viticella-Hybriden, machen sich gut, wenn man sie in Rabatten am Boden entlangwachsen lässt. Von dort aus beranken sie Sträucher und Stauden oder bilden eine dekorative Bodenbedeckung. Wichtig ist, dass man den Trieben vor der Blüte eine Richtung gibt. Lässt man sie »ins Kraut schießen«, bildet sich bald ein dichtes Gewirr, in dem die Blüten untergehen. Man zieht die Triebe, indem man sie mit 15–18 cm langen Drahtklammern am Boden fixiert *(unten)*.

DRAHTKLAMMERN

ERSTMAL WACHSEN LASSEN
Im Frühjahr bilden die jungen Triebe von
C. viticella rasch wirre Knäuel. Wenn sie 0,5–1
m lang sind, sollte man sie um die Pflanze
herum am Boden ausbreiten.

1 **Ziehen Sie die Triebe** vorsichtig auseinander, wählen Sie etwa ein Drittel aus, den Rest schneiden Sie knapp über dem Boden ab.

2 **Stecken Sie die verbliebenen Triebe** mit Drahtklammern um die Pflanze herum in der gewünschten Richtung alle 50 cm fest.

3 **Später wird die Richtung** der Triebe nochmals korrigiert, danach lässt man sie einfach wachsen. Im Hoch- oder Spätsommer bedeckt eine starkwüchsige Pflanze einen 4–5 m breiten Bereich. Die neueren Triebe aus der Mitte bilden später Blüten als die übrigen.

SCHÄDLINGE UND KRANKHEITEN

GÜNSTIGE VORAUSSETZUNGEN BEIM AUSPFLANZEN verhelfen der Clematis zu einem guten Start, und man hat in den Folgejahren kaum Aufwand mit ihrer Pflege. Im ersten Jahr sollte man für ausreichend Nährstoffe und Wasser sorgen; später genügt es, wenn man jedes Frühjahr die Mulchschicht erneuert. Bei etlichen Clematis entfällt sogar das Schneiden (*siehe S. 38–43*).

AUF EINEN BLICK	WAS ZU TUN IST
FRÜHJAHR • Schneiden • Düngen • Mulchschicht erneuern	Zurückschneiden (*siehe S. 38–43*) regt das Verzweigen und die Blütenbildung an. Gut verrotteter Dung (Kuh- oder Pferdemist) als Mulchschicht liefert Nährstoffe und schützt vor Austrocknung; ebenso Steinabdeckungen, die auch vor Unkraut schützen; zum Beschatten der Wurzeln bei Bedarf erneuern.
SOMMER • Kübelpflanzen düngen • neue Triebe ziehen • junge Pflanzen gießen • Stecklinge schneiden	Clematis in Kübeln mit flüssigem Spezialdünger versorgen (geeignet auch für kümmernde Clematis im Garten). Neue Triebe ziehen, damit sie die Partnerpflanze oder Stütze gleichmäßig beranken. Junge Pflanzen gießen, bis sie gut angewachsen sind. Vor dem Hochsommer Stecklinge schneiden (*siehe S. 44–45*).
HERBST • Fruchtschöpfe ernten • Clematis der Schnittgruppe 3 bei Bedarf stark zurückschneiden	Samen ernten (*siehe S. 46–47*). Wenn die verholzten Triebe von Clematis der Schnittgruppe 3 im Winter an der Stützpflanze störend wirken, stark zurückschneiden (*siehe S. 43*), ansonsten bis zum Frühjahr damit warten.
WINTER • empfindliche Clematis gegen Frost schützen	Empfindliche Clematis mit Stroh oder einem dichten Geflecht abdecken, Kübelpflanzen ins Gewächshaus oder in den Wintergarten bringen.

SCHUTZ GEGEN SCHÄDLINGE

Gegen Schnecken, Mäuse, Ohrwürmer und Blattläuse können Sie eine Reihe von Maßnahmen ergreifen. Am häufigsten treten Probleme mit Schnecken auf: Sie fressen junge Triebe ab, manchmal in erstaunlicher Höhe. Man hält sie ab, indem man groben Kies um die Haupttriebe streut oder Bierfallen aufstellt. Schnittabfall, z. B. verholzte Triebe, in denen sich Schnecken und Ohrwürmer gern aufhalten, sollte man wegräumen.

FRASSRÄNDER
Die nachtaktiven Ohrwürmer fressen Blüten und junge Blätter an. Man sammelt sie tagsüber aus ihren Schlupfwinkeln (unter Brettern usw.) ein.

Mäuse nagen ebenfalls an Trieben. Die Pflanze erholt sich zwar meist, aber erst im folgenden Jahr. Hier hilft dichter Maschendraht um die jungen Triebe. Von Blattläusen befallene Ranken zwickt man ab oder besprüht sie mit Wasser, dem man Schmierseife und Spiritus zugesetzt hat.

SO BLEIBT DIE CLEMATIS GESUND

Gesunde, kräftige und gut gepflegte Pflanzen sind meist sehr widerstandsfähig gegen Krankheiten. Das regelmäßige Zurückschneiden fördert nicht nur die Blütenbildung, man entfernt auch abgestorbene oder beschädigte Triebe.

Die früh und spät blühenden Arten und die Hybriden der Viticella-Gruppe sind kaum krankheitsanfällig, bei den Hybriden dagegen kommt es mitunter zur Clematis-Welke oder zu Mehltaubefall.

Tritt die Welke auf, schneidet man die Pflanze nötigenfalls bis zum Boden zurück und gibt dann flüssigen Algendünger zu. Wenn man sie tief ausgepflanzt hat (*siehe S. 30*), kann sie sich aus dem Wurzelstock regenerieren.

Mehltau vermeidet man durch gute Luftzirkulation, wie man sie durch regelmäßiges Schneiden erreicht. Anfällige Clematis sollte man nicht direkt an Wänden entlangführen oder durch Rosen ziehen. Der seltene Bakterienschleim befällt nur *C. montana*. Man schneidet die befallenen Teile ab und vernichtet sie. Stirbt die Pflanze ab, sollte man an der gleichen Stelle keine Clematis mehr pflanzen.

CLEMATIS-WELKE
Die Welke tritt meist im Frühsommer auf, wenn die Clematis neue Ranken und Blütenknospen getrieben hat. Die befallenen Triebe werden schlaff und braun.

BAKTERIENSCHLEIM
Die seltene Krankheit ruiniert oft die ganze Pflanze. An den Trieben nahe der Basis bildet sich zähflüssiger Schleim.

MEHLTAUBEFALL
Anfällig für diese Pilzkrankheit sind die Hybriden von C. texensis und nah verwandte Arten, z.B. C. addisonii und C. reticulata.

CLEMATIS IN KUGELFORM

DAS KLETTERVERHALTEN von Clematis kann man gestalterisch nutzen, indem man die Pflanze über eine Stützkonstruktion aus Draht wachsen lässt. Eine Drahtkugel ist einfach anzufertigen und wirkt berankt sehr schön. Die Methode ist einfach: Neue Triebe werden über das Drahtgestell gezogen, von dem bald nichts mehr zu sehen ist. Wenn man eine entsprechende Sorte gewählt hat, blüht die Kugel sogar zweimal im Jahr.

SO WIRD'S GEMACHT:

1 **Stecken Sie die drei Stäbe** gleichmäßig verteilt in die Erde und binden Sie sie oben mit Draht zusammen.

Stäbe am Kübelrand

2 **Aus Drahtgitter** schneiden Sie sechs 140 cm lange »Leitern« mit »Sprossen«. Oben und unten lassen Sie die »Holme« überstehen.

SIE BENÖTIGEN:

MATERIAL
• Clematis in einem Kübel von ca. 45 cm Durchmesser. Wählen Sie einen kompakt wachsenden Typ (*siehe S. 24 f.*) und pflanzen Sie die Clematis samt Stütze ein.
• 3 Bambusstäbe, je ca. 1 m lang
• weitmaschiges (20 x 20 cm) Drahtgitter, verzinkt, 220 x 140 cm

WERKZEUG
• Seitenschneider oder Drahtzange

3 **Die unteren »Holme«** biegen Sie aufeinander zu und stecken sie in die Erde. Die »Leiter« biegen Sie zu einem Halbkreis.

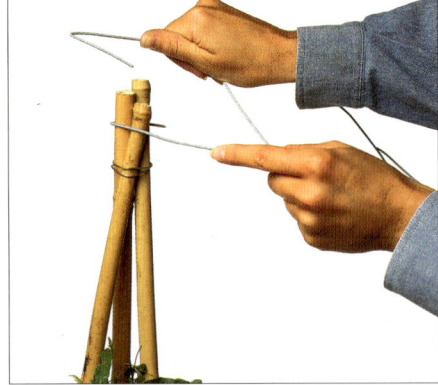

4 **Die oberen »Holme«** biegen Sie hakenförmig zurecht, hängen sie an den Stäben ein und verdrillen die Drahtenden.

5 **Verteilen Sie** die anderen fünf »Leitern« so am Rand des Pflanzkübels, dass sie am Ende eine Kugelform bilden.

6 **Lösen Sie die Triebe** von der Stütze und flechten Sie sie unten in die Kugel. Korrigieren Sie später die Richtung.

EINDRUCKSVOLL
C. florida ›Alba Plena‹ verdeckt das Drahtgestell mit ihren attraktiven weißen Blüten. Wenn man die Triebe anfangs waagerecht oder diagonal zieht, blüht die Pflanze später in der unteren Kugelhälfte ebenso üppig wie oben.

NÜTZLICHE TIPPS

• Etwas empfindliche Clematis wie *C. florida* ›Alba Plena‹ sollten über Winter ins Gewächshaus oder in den Wintergarten.

• Ersetzen Sie im Frühjahr die oberste Erdschicht durch frischen Kompost. Etwas Langzeitdünger zugeben.

• Schneiden Sie die Clematis gemäß ihrer Schnittgruppe und ziehen Sie die neuen Triebe wieder über das Gestell.

CLEMATIS SCHNEIDEN

CLEMATIS BLÜHEN ZU UNTERSCHIEDLICHEN ZEITEN, und nach der Blütezeit richtet sich der jährliche Schnitt. Grundsätzlich teilt man sie in drei Schnittgruppen ein: Früh blühende Typen benötigen keinen Schnitt (Gruppe 1), Frühsommerblüher werden zu Beginn des Herbstes leicht gestutzt (Gruppe 2), und alle, die im Hochsommer oder später blühen, werden zurückgeschnitten (Gruppe 3). Auf den folgenden Seiten werden Hinweise zur Schnitt-Technik gegeben.

BLÜTEZEIT UND SCHNITT

Wie die verschiedenen Clematis geschnitten werden, hängt vom Alter der Blüten bildenden Triebe ab.

Clematis der SCHNITTGRUPPE 1 blühen im Frühjahr an vorjährigen Trieben. Bei einem Rückschnitt würde man also mögliche Blüten entfernen, daher dünnt man sie nur bei Bedarf etwas aus. Man kann mit diesen Sorten das ganze Jahr über unansehnliche Stellen abdecken oder schlecht zugängliche Pflanzen überwachsen lassen.

Zur SCHNITTGRUPPE 2 gehören alle im Frühsommer blühenden großblumigen

Hybriden. Die Blüten entstehen an Seitentrieben des vorjährigen Holzes. Man schneidet sie leicht zurück, um die Blütenbildung anzuregen und um mehr blühende Seitentriebe zu erhalten. Bei der Standortwahl und beim Ziehen ist zu beachten, dass man im Spätwinter leicht an die Triebe herankommen sollte.

Die sommer- und herbstblühenden Arten und Sorten gehören zur SCHNITTGRUPPE 3. Sie werden entweder im Spätwinter oder zu Beginn des Frühjahrs komplett zurückgeschnitten. An den rasch wachsenden neuen Trieben bilden sich im gleichen Jahr Blüten.

ZEITPUNKT DES SCHNITTS

SCHNITTGRUPPE 1	SCHNITTGRUPPE 2	SCHNITTGRUPPE 3
Falls nötig, im Spätwinter oder nach der Blüte (siehe S. 40) ausdünnen. Folgende Arten und Sorten kann man nach der Blüte auch stark zurückschneiden: Alpina-Gruppe Macropetala-Gruppe C. barbellata C. cirrhosa C. koreana C. ›Pruinina‹ Folgende Arten dürfen nie ins alte Holz zurückgeschnitten werden: C. armandii C. chrysocoma C. gracilifolia C. × vedrariensis	Leichtes Zurückschneiden im Spätwinter fördert das Wachstum und die Knospenbildung. Hierzu gehören alle frühen großblumigen Hybriden mit einfachen und gefüllten Blüten.	Starkes Zurückschneiden aller Triebe im Spätwinter oder zeitigen Frühjahr. Alle spät blühenden großblumigen Hybriden, die im Sommer und Herbst blühenden Arten sowie die staudigen Clematis.

›MISS BATEMAN‹

›BILL MACKENZIE‹

DIE RICHTIGE SCHNITT-TECHNIK

Verwenden Sie stets eine scharfe Garten-
schere und schneiden Sie wenige Millimeter
über einem Knospenpaar. Achten Sie darauf, dass keine Knospen oder Triebe verletzt werden. Bei den frühen großblumigen
Hybriden schneiden Sie am besten oberhalb
kräftig wirkender Knospen oder Triebe.
Wenn Sie altes Holz entfernen, setzen Sie
den Schnitt nahe der Verzweigungsstelle an.
Alternativ kann man auch bis zum Boden
zurückschneiden; dann entstehen aus dem
Wurzelstock neue Triebe.

ALTE TRIEBE ENTFERNEN
*Schneiden Sie bis zur Verzwei-
gungsstelle zurück und lassen
Sie ein Gerüst stehen. Die
Schnittflächen sollten glatt sein.*

LEICHTER SCHNITT
*Im Spätwinter schneiden Sie
direkt oberhalb gut entwickelter Knospen oder nach dem
Austrieb neuer Seitentriebe.*

STARKER SCHNITT
*Setzen Sie den Schnitt unmit-
telbar oberhalb des untersten
Knospenpaars an, d. h. ca.
15–30 cm über dem Boden.*

AUS ALT MACH NEU

Wenn Sie einen Garten übernehmen, finden
Sie dort vielleicht eine Clematis vor, die
jahrelang nicht mehr zurückgeschnitten
wurde. Fast alle außer den Vertretern der
Montana-Gruppe und den frühen großblumigen Hybriden kann man bis zum Boden
zurückschneiden. Ziehen Sie die Clematis
aus der Stützpflanze oder vom Spalier und
entfernen Sie alte Zweige und Balgfrüchte.
Drei bis fünf jeweils 2 m lange Triebe lassen
Sie übrig; ziehen Sie diese wieder durch die
Stützpflanze oder über das Spalier.

WILDWUCHS
*Ganz links ist eine großblu-
mige Hybride zu sehen, die
drei Jahre lang nicht zurückgeschnitten wurde – ein
Problemfall, wie man ihn in
so manchem Garten findet.
Am besten entfernen Sie
zuerst die alten Triebe und
behalten nur wenige, gut
entwickelte, die sie fächer-
förmig durch die Zweige der
Stützpflanze (hier ein Nadel-
baum) ziehen. Anhand der
Blütezeit können Sie bestim-
men, um welchen Typ es
sich handelt.*

VERNACHLÄSSIGTE CLEMATIS   CLEMATIS NACH DEM SCHNITT

SCHNITTGRUPPE 1

Die Clematis dieser Gruppe brauchen keinen Rückschnitt, trotzdem sollte sie gelegentlich ausgedünnt werden. So wird die Pflanze kräftiger, und Gewicht und Umfang reduzieren sich; besonders dichter Wuchs über Laubengängen und Bogen gewinnt dadurch. Bei Bedarf kann man die meisten Arten und Sorten dieser Gruppe auch stark zurückschneiden, nur C. montana verträgt den Rückschnitt ins alte Holz schlecht. Will man letztere gründlich stutzen, sollte man stets mehrere kräftige Triebe stehen lassen.

1 **Blüten** bilden sich an den vorjährigen Trieben, daher sollten Clematis der Gruppe 1 nur etwas ausgedünnt werden. Man schneidet einen Teil der Triebe über einem Knospenpaar oder an der Verzweigungsstelle ab.

2 **Schwache** oder beschädigte Triebe schneidet man oberhalb gut ausgebildeter Knospen oder ganz unten am Boden ab.

CLEMATIS DER SCHNITTGRUPPE 1

Clematis alpina	*Clematis armandii*	*Clematis macropetala*	›Mayleen‹
›Columbine‹	›Apple Blossom‹	›Blue Bird‹	›Picton's Variety‹
›Constance‹	›Snowdrift‹	›Jan Lindmark‹	var. *rubens*
›Frances Rivis‹	*Clematis × cartmanii*	›Lagoon‹ (syn.	var. *sericea*
›Frankie‹	›Joe‹	›Blue Lagoon‹)	›Tetrarose‹
›Helsingborg‹	*Clematis chrysocoma*	›Maidwell Hall‹	›Warwickshire Rose‹
›Pink Flamingo‹	*Clematis cirrhosa*	›Markham's Pink‹	var. *wilsonii*
›Rosy Pagoda‹	var. *balearica*	*Clematis montana*	›Pruinina‹
›Ruby‹	›Freckles‹	›Broughton Star‹	›Rosie O'Grady‹
subsp. *sibirica*	›Wisley Cream‹	›Elizabeth‹	›White Swan‹
›White Moth‹	*Clematis gracilifolia*	›Fragrant Spring‹	
›Tage Lundell‹	*Clematis indivisa*	›Freda‹	
›Willy‹	*Clematis koreana*	f. *grandiflora*	
	f. *lutea*	›Marjorie‹	

SCHNITTGRUPPE 2

Zu dieser Gruppe gehören alle frühen großblumigen Hybriden (*siehe S. 42*) einschließlich der gefüllten Sorten, die bei der Nachblüte im Spätsommer einfache Blüten treiben. Man muss die Clematis der Gruppe 2 nicht unbedingt schneiden, doch werden nach dem Stutzen die Blüten größer, und das Blattwerk wirkt gesünder.

Man schneidet sie Ende des Winters oder im zeitigen Frühjahr leicht zurück, so dass ein gleichmäßiges Gerüst aus ein- und zweijährigen Trieben bleibt. Schwache und dünne Triebe sollten komplett entfernt werden. Später bilden sich neue Triebe, und aus den dicken Blattachselknospen, die im Frühjahr erscheinen, kommen die ersten Blüten. Man kann die Blütezeit der Clematis dieser Gruppe verlängern, indem man einige Triebe später kürzt als andere (*siehe S. 43*). Die Hauptblüte ist dann schwächer als nach einem herkömmlichen Rückschnitt, dafür ist die Blütezeit länger.

Als Stützpflanzen für Clematis der Gruppe 2 sollte man keine Sträucher wie Schmetterlingsflieder, Bartblume und Silberstrauch nehmen, die im Frühjahr stark zurückgeschnitten werden; hat die Clematis sie erst einmal berankt, lassen sie sich kaum noch stutzen.

Bei den Clematis der Gruppe 2 kann man den Rückschnitt auch auf ein Minimum beschränken und nur alle drei bis vier Jahre stark zurückschneiden. Dann fällt zwar die erste Blüte aus, die zweite bringt dafür umso größere Blüten.

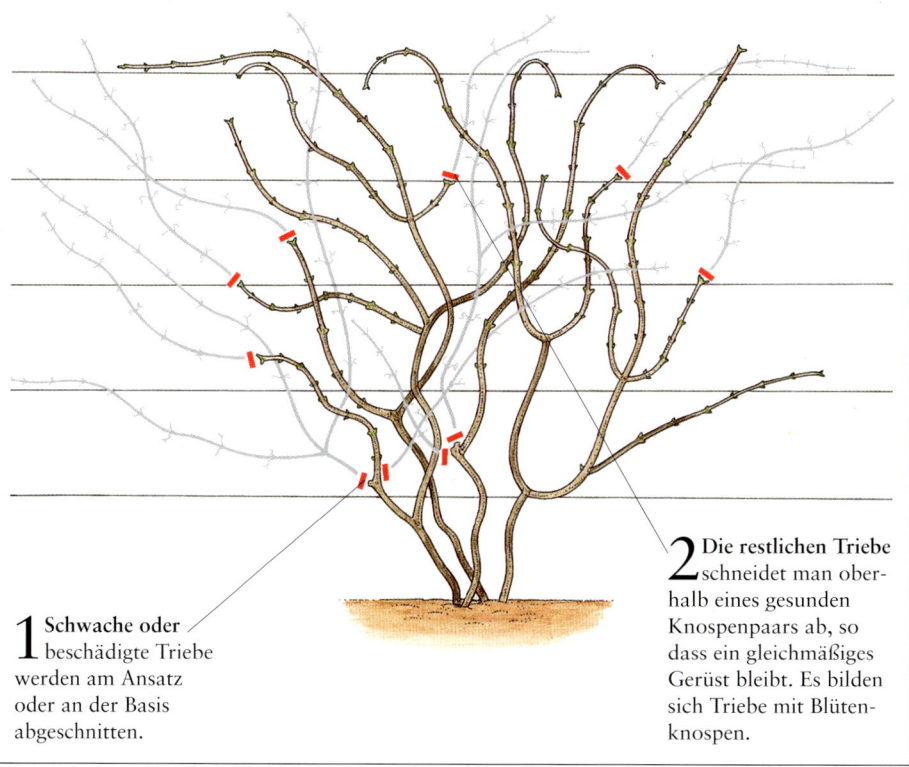

1 Schwache oder beschädigte Triebe werden am Ansatz oder an der Basis abgeschnitten.

2 Die restlichen Triebe schneidet man oberhalb eines gesunden Knospenpaars ab, so dass ein gleichmäßiges Gerüst bleibt. Es bilden sich Triebe mit Blütenknospen.

CLEMATIS DER SCHNITTGRUPPE 2

Clematis patens
›Andromeda‹
›Arctic Queen‹
›Asao‹
›Barbara Dibley‹
›Barbara Jackman‹
›Beauty of Richmond‹
›Beauty of Worcester‹
›Bees' Jubilee‹
›Belle Nantaise‹
›Belle of Woking‹
›Blue Ravine‹
›Bracebridge Star‹
›Burma Star‹
›Cardinal Wyszynski‹
›Carnaby‹
›Carnival Queen‹
›Chalcedony‹
›Charissima‹
›Corona‹
›Countess of Lovelace‹
›Crimson King‹
›Daniel Deronda‹
›Dawn‹
›Dr. Ruppel‹
›Duchess of Edinburgh‹
›Duchess of Sutherland‹
›Edith‹
›Edouard Desfossé‹

›Elsa Späth‹
›Empress of India‹
›Etoile de Malicorne‹
›Etoile de Paris‹
›Fair Rosamond‹
›Fairy Queen‹
›Fireworks‹
›Fuji-musume‹
›Général Sikorski‹
›Gillian Blades‹
›Glynderek‹
›Guernsey Cream‹
›Haku-ôkan‹
›Henryi‹
›H. F. Young‹
›Horn of Plenty‹
›Jackmanii Alba‹
›Jackmanii Rubra‹
›James Mason‹
›Joan Picton‹
›John Paul II.‹ (syn.
  ›Jan Pawel II.‹)
›John Warren‹
›Kathleen Dunford‹
›Kathleen Wheeler‹
›Keith Richardson‹
›Kiri Te Kanawa‹
›Lady Caroline Nevill‹
›Lady Londesborough‹

›Lady Northcliffe‹
›Lasurstern‹
›Liberation‹
›Lincoln Star‹
›Lord Nevill‹
›Louise Rowe‹
›Marcel Moser‹
›Marie Boisselot‹
›Masquerade‹ (syn.
  ›Maskarad‹)
›Maureen‹
›Miss Bateman‹
›Miss Crawshay‹
›Monte Cassino‹
›Moonlight‹
›Mrs. Bush‹
›Mrs. Cholmondeley‹
›Mrs. George Jackman‹
›Mrs. Hope‹
›Mrs. James Mason‹
›Mrs. N. Thompson‹
›Mrs. P. B. Truax‹
›Mrs. Spencer Castle‹
›Multi Blue‹
›Myôjô‹
›Nelly Moser‹
›Niobe‹
›Peveril Pearl‹
›Pink Fantasy‹

›Pôhjanael‹
›Prins Hendrik‹
›Proteus‹
›Ramona‹
›Richard Pennell‹
›Rouge Cardinal‹
›Royal Velvet‹
›Royalty‹
›Ruby Glow‹
›Scartho Gem‹
›Sealand Gem‹
›Serenata‹
›Silver Moon‹
›Snow Queen‹
›Sugar Candy‹
›Sunset‹
›Sylvia Denny‹
›The President‹
›The Vagabond‹
›Twilight‹
›Victoria‹
›Vino‹
›Violet Elizabeth‹
›Vyvyan Pennell‹
›Wada's Primrose‹
›Warszawska Nike‹
›W. E. Gladstone‹
›Will Goodwin‹
›William Kennett‹

CLEMATIS DER SCHNITTGRUPPE 3

Clematis addisonii
Clematis aethusifolia
Clematis × *aromatica*
Clematis × *bonstedtii*
  ›Crépuscule‹
Clematis campaniflora
Clematis crispa
Clematis × *durandii*
Clematis × *eriostemon*
Clematis flammula
Clematis fusca var.
  violacea
Clematis heracleifolia
  var. *davidiana*
  ›Wyevale‹
Clematis hirsutissima
Clematis integrifolia
  ›Alba‹
  ›Rosea‹
Clematis × *jouiniana*
  ›Praecox‹

Clematis ladakhiana
Clematis potaninii
Clematis recta
  ›Purpurea‹
Clematis rehderiana
Clematis serratifolia
Clematis songarica
Clematis tangutica
Clematis texensis
Clematis tibetana
Clematis × *triternata*
  ›Rubromarginata‹
Clematis viticella
  ›Mary Rose‹
  ›Purpurea Plena
  Elegans‹
  ›Abundance‹
  ›Alba Luxurians‹
  ›Arabella‹
  ›Ascotiensis‹
  ›Betty Corning‹

›Bill MacKenzie‹
›Black Prince‹
›Blue Angel‹ (syn.
  ›Blekitny Aniol‹)
›Blue Boy‹
›Comtesse de
  Bouchaud‹
›Dorothy Walton‹
›Duchess of Albany‹
›Elvan‹
›Ernest Markham‹
›Etoile Rose‹
›Etoile Violette‹
›Gipsy Queen‹
›Gravetye Beauty‹
›Guiding Star‹
›Hagley Hybrid‹
›Huldine‹
›Jackmanii‹
›Jackmanii Superba‹
›John Huxtable‹
›Kermesina‹
›Lady Betty Balfour‹

›Lady Bird Johnson‹
›Madame Edouard
  André‹
›Madame Julia
  Correvon‹
›Madame Grangé‹
›Margaret Hunt‹
›Margot Koster‹
›Minuet‹
›Pagoda‹
›Paul Farges‹
›Perle d'Azur‹
›Perrin's Pride‹
›Pink Fantasy‹
›Polish Spirit‹
›Prince Charles‹
›Princess Diana‹
›Rhapsody‹
›Rouge Cardinal‹
›Royal Velours‹
›Venosa Violacea‹
›Victoria‹
›Ville de Lyon‹

SCHNITTGRUPPE 3

Zu dieser Gruppe gehören alle ab dem Hochsommer blühenden Arten und groß-blumigen Hybriden, bei denen die Triebe im gleichen Jahr wachsen und blühen. Die Triebe der staudigen Typen und der Texen-sis-Vertreter sterben im Winter ab. Alle können im Frühjahr auf 30 cm über dem Boden gekürzt werden. Man schneidet am besten beim Austrieb und kürzt die Triebe oberhalb gut entwickelter Knospenpaare.

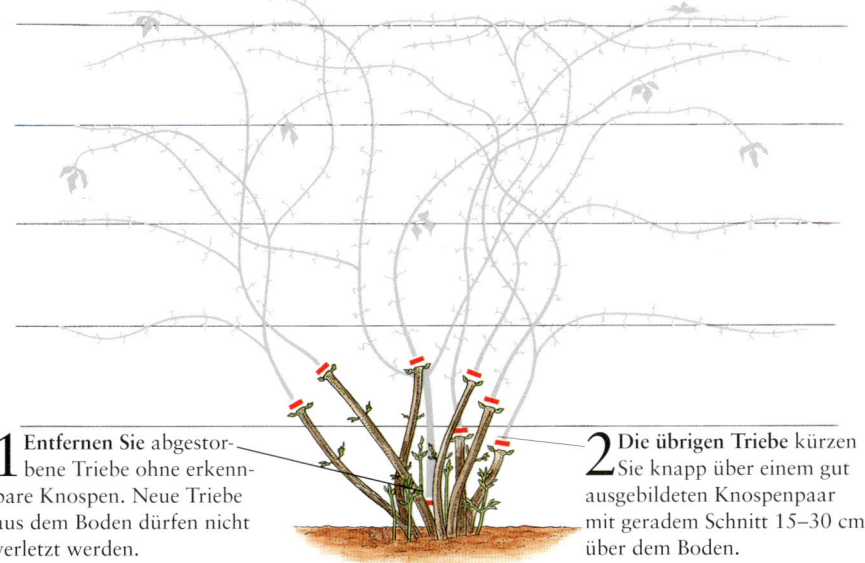

1 **Entfernen Sie** abgestor-bene Triebe ohne erkenn-bare Knospen. Neue Triebe aus dem Boden dürfen nicht verletzt werden.

2 **Die übrigen Triebe** kürzen Sie knapp über einem gut ausgebildeten Knospenpaar mit geradem Schnitt 15–30 cm über dem Boden.

VERLÄNGERN DER BLÜTEZEIT

Die Blütezeit von Clematis der Gruppe 3, z. B. der Viticella-Arten, und mancher Typen aus Gruppe 2, wie der groß-blumigen ›Niobe‹, lässt sich verlängern, wenn man sie während des Wachstums erneut kürzt. Sobald die Triebe im Frühsommer 30–50 cm lang sind, schneidet man die Hälfte zurück; so bilden sich weitere Triebe, die später blühen. Beachten Sie, dass viele großblumige Hybriden der Gruppe 2 im Spätsommer ohnehin nachblühen. Die genannte Methode empfiehlt sich nur für Clematis mit einer Blütezeit.

▶ SO BLÜHEN VITICELLA-ARTEN LÄNGER
Beim regulären Schnitt werden die Triebe auf 30 cm über dem Boden gekürzt. Im Frühsom-mer schneidet man nochmals einige zurück.

VOR DEM ZWEITSCHNITT   ... UND DANACH

CLEMATIS VERMEHREN

CLEMATIS KANN MAN AUS STECKLINGEN, Samen oder durch Absenker vermehren. Am weitesten verbreitet ist die Vermehrung durch Stecklinge; man bekommt so mit der Mutterpflanze identische Clematis. Varietäten und Hybriden können nur durch Stecklinge oder Absenker vermehrt werden. Aus Samen der Wildarten bekommt man Jungpflanzen mit den gleichen Eigenschaften wie die Mutterpflanze, bei den anderen Clematis dagegen erlebt man mitunter Überraschungen.

STECKLINGE SCHNEIDEN

Für den ersten Versuch mit Stecklingen wählt man am besten eine Art, die leicht bewurzelt, wie z. B. *C. montana* oder *C. tibetana*. Die einfachste Möglichkeit ist es, einen Triebabschnitt mit einem Blattknoten abzuschneiden. Wie dabei im Einzelnen vorzugehen ist, zeigt die unten nummerierte Anleitung.

DIESE CLEMATIS

BEWURZELN LEICHT
Alpina-Gruppe
Montana-Gruppe
Clematis tangutica
Clematis tibetana
›Bill MacKenzie‹

ETWAS SCHWIERIGER
Macropetala-Gruppe
Viticella-Gruppe
Großblumige Hybriden

SCHWIERIG
Clematis armandii
Texensis-Gruppe

SO WIRD'S GEMACHT
Stecklinge schneidet man am besten im Frühsommer aus neuen Trieben. Suchen Sie die am besten geeigneten Stellen aus: Aus einem Trieb lassen sich mehrere Stecklinge schneiden, nur die schwache Triebspitze und den unteren, bereits verholzten Teil sollten Sie nicht verwenden.

Triebspitze zu weich

Aus dem mittleren Teil dieses Triebs erhält man vier Stecklinge mit je zwei Seitentrieben.

Trieb unten zu hart

1 Den ersten Schnitt setzen Sie am Trieb zwischen zwei Blattknoten ca. 4–5 cm unter dem oberen Knoten an. Verwenden Sie ein sauberes, scharfes Messer.

2 Der zweite Schnitt wird knapp oberhalb des Knotens geführt. Damit Sie sich nicht verletzen, sollten Sie auf einer sauberen, harten Unterlage schneiden.

3 **Entfernen Sie** an einer Seite die Blätter, um den Wasserverlust (Verdunsten durch die Blätter) zu verringern; bei sehr kleinen oder zarten Blättern entfällt dies.

4 **Am anderen Seitentrieb** entfernen Sie ein Blatt samt Stiel. Lassen Sie mindestens zwei Blättchen stehen, denn so bewurzelt der Steckling besser.

Nicht vergessen: Alle Stecklinge kennzeichnen

5 **Behandeln Sie** den Steckling mit Bewurzelungspulver, stecken Sie ihn in einen Topf mit einer Mischung aus Torfsubstrat und Perlit. Gießen Sie leicht an.

6 **Kennzeichnen Sie** Ihre Stecklinge und stellen Sie sie hell, aber nicht direkt in die Sonne (Gewächshaus oder Plastikfolie über den Topf). Nach etwa sechs Wochen bilden sich Wurzeln.

UMTOPFEN DER STECKLINGE

Wenn die Wurzeln gut ausgebildet sind, pflanzen Sie die Stecklinge einzeln in Töpfe von 9 cm Durchmesser mit Komposterde. Gießen und die Töpfe ins Frühbeet oder an einen geschützten Ort stellen. Ist die Erde durchwurzelt, pflanzen Sie die Clematis in ein größeres Gefäß (ca. 2 l) und nach einem Jahr ins Freiland.

Umtopfen sollte man erst, wenn die Wurzeln gut entwickelt sind

NÜTZLICHE TIPPS

• Verwenden Sie Pflanzerde aus 50 % Torfsubstrat, 25 % grobem Grit und 25 % Perlit.

• Im Frühsommer geschnittene Stecklinge bewurzeln am schnellsten.

• Wärme von unten fördert die Bewurzelung.

• Faulende Blätter entfernen – Vorsicht, Schimmelbildung.

• Aus Stecklingen gezogene Pflanzen blühen meist nach zwei Jahren.

VERMEHRUNG DURCH AUSSAAT

Wenn man Clematis aus Samen zieht,
erhält man manchmal neue Pflanzen mit
verbesserten Eigenschaften. Hybriden und
Varietäten lassen sich nicht aus Samen
ziehen, ebenso wenig fremdbestäubte
Wildarten.

   Die Samen sammelt man im Herbst
ein, sobald die Härchen der Fruchtschöpfe
braun werden. Man bewahrt die Samen
kühl auf, trocknet sie oder sät sie sofort
aus. Aus Samen gezogene Pflanzen blühen
meist später als aus Stecklingen oder
Absenkern erhaltene.

ZUR AUSSAAT GEEIGNET

Clematis alpina	Clematis napaulensis
Clematis campaniflora	Clematis orientalis
Clematis chiisanensis	Clematis pitcheri
Clematis chrysochoma	Clematis recta
Clematis crispa	Clematis rehderiana
Clematis flammula	Clematis serratifolia
Clematis fusca	Clematis songarica
Clematis integrifolia	Clematis tangutica
Clematis japonica	Clematis viorna
Clematis koreana	Clematis virginiana
Clematis macropetala	Clematis viticella
Clematis montana	

1 Ernten Sie die reifen Samen der Fruchtstände, sobald sie sich leicht lösen lassen
(im Spätsommer oder Herbst). Die Härchen
entfernen Sie durch Reiben.

2 Nun werden die Samen gleichmäßig auf
sandhaltiger Aussaaterde verteilt. Gießen
Sie leicht an und geben Sie eine dünne Schicht
groben Perlit darüber.

3 Graben Sie die gekennzeichneten Töpfe
im Frühbeet in Sand ein, damit sich
Temperatur und Feuchtigkeit halten. Bis
zur Keimung können zwei Jahre vergehen.

4 Sind die Pflänzchen groß genug und
haben mindestens vier Blätter, werden sie
pikiert. Halten Sie sie an den unteren Blättern
fest, nicht am zarten Trieb.

Damit das Pflänzchen
gut wächst, braucht es
Licht

Jeder Topf sollte
gekennzeichnet
sein

5 **Mit einem Setzholz** wird jedes Pflänzchen
in einen Topf (9 cm Ø) mit Komposterde
gesetzt. Etwas gießen, kennzeichnen und unter
Glas weiterziehen (ersten 10 Tage eher schattig).

SO GEHT ES WEITER
*Steht das Pflänzchen
zu Beginn im Schat-
ten, wächst es leichter
an, danach aber heller
stellen. Ist die Erde im
Topf durchwurzelt,
umpflanzen und nach
einem Jahr ins
Freiland setzen.*

ABSENKEN

Graben Sie einen Trieb der Mutterpflanze
in den Boden oder in einen Topf mit Pflanzerde ein, nachdem Sie ihn leicht eingekerbt
haben. Nach 1–2 Jahren haben sich ausreichend Wurzeln gebildet (zieht man leicht
am Trieb, spürt man Widerstand). Dann
wird die Jungpflanze abgetrennt.

ZUM ABSENKEN GEEIGNET

Alpina-, Macropetala-, Montana- und
Viticella-Gruppe, großblumige Hybriden,
Clematis armandii, *Clematis campaniflora*,
Clematis cirrhosa, *Clematis florida*,
Clematis serratifolia, *Clematis tangutica*,
Clematis texensis, *Clematis tibetana*,

◀ IM BODEN
*Mit einem Messer
machen Sie am Trieb
ca. 5 cm unter einem
Blattknoten eine kleine
Kerbe. Befestigen Sie
den Trieb mit Draht-
klammern, 5–10 cm
Erde darüber sowie
eine Mulchschicht.*

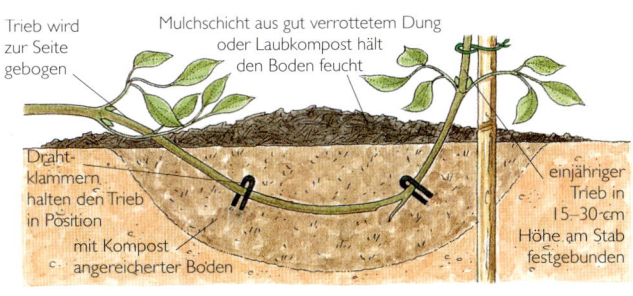

Trieb wird
zur Seite
gebogen

Mulchschicht aus gut verrottetem Dung
oder Laubkompost hält
den Boden feucht

Draht-
klammern
halten den Trieb
in Position

mit Kompost
angereicherter Boden

einjähriger
Trieb in
15–30 cm
Höhe am Stab
festgebunden

▶ IM TOPF
*Mit einem eingegra-
benen Topf wird das
Verpflanzen später
einfacher, dafür trock-
net die Erde darin
leichter aus. Hier hilft
eine Mulchschicht aus
Kieseln; prüfen Sie
dennoch ab und zu die
Bodenfeuchtigkeit.*

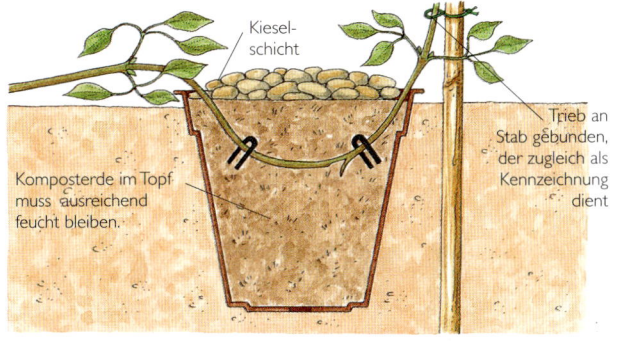

Kiesel-
schicht

Komposterde im Topf
muss ausreichend
feucht bleiben.

Trieb an
Stab gebunden,
der zugleich als
Kennzeichnung
dient

CLEMATIS-GALERIE

Die Clematis sind nach ihrer Blütezeit geordnet: Den im Spätwinter und zeitigen Frühjahr blühenden Arten und Sorten folgen die Frühjahrsblüher, die sommerblühenden Hybriden und schließlich die im Herbst zur Blüte kommenden Clematis. Bis auf die mit ✱✱ (für sehr frosthart) gekennzeichneten sind sie alle winterhart.

FRÜHBLÜHENDE ARTEN

DIE IM WINTER UND ZEITIGEN FRÜHJAHR blühenden Clematis gedeihen gut in Gegenden mit mildem Klima, wo die Knospen weniger frostbedroht sind. *C. armandii* und *C. cirrhosa* pflanzt man am besten im Schutz einer Wand. Der jährliche Rückschnitt entfällt, denn die Frühblüher gehören zur Schnittgruppe 1.

Clematis armandii ✱✱
Immergrün, Mandelduft, blüht im Frühjahr, bis 6 m hoch.

Clematis cirrhosa ✱✱
Immergrün, blüht im Winter, 3–4 m hoch.

Clematis koreana
Blütenfarbe variiert von gelb bis tiefrot, 3–4 m hoch.

AUSSERDEM

Clematis armandii ›Apple Blossom‹ weißrosa Blüten
Clematis cirrhosa var. balearica ♀ farnartiges Blattwerk
Clematis cirrhosa ›Freckles‹ ♀ rötlichbraun gesprenkelte Blüten

SYMBOLE
✱✱ Frosthart bis −5 °C
♀ Auszeichnung der RHS

Clematis ›Pruinina‹
Den Blüten folgen Balgfrüchte, 2–3 m hoch.

Clematis indivisa ✱✱
Immergrün, duftend, wächst gut unter Glas, 3–4 m hoch.

◀LAVENDELBLAU *Die Hybride ›Mrs. Cholmondeley‹ blüht vom Frühjahr bis weit in den Sommer.*

C. ALPINA UND MACROPETALA

DIE KLEINEN NICKENDEN BLÜTEN dieser Clematis öffnen sich im zeitigen Frühjahr – die *C. alpina* haben einfache, die *C. macropetala* halb gefüllte Blüten und bilden danach wunderhübsche Balgfrüchte. Sie sind winterhart und können in Nord- und Ostlagen gepflanzt werden, wo sie 2–4 m Höhe erreichen. Einen schönen Anblick bieten sie, wenn sie niedrige Bäume oder Sträucher beranken (*siehe S. 20*). Ein Rückschnitt ist nicht erforderlich, da sie zur Schnittgruppe 1 (*siehe S. 40*) gehören; bei Bedarf kann man sie gleich nach der Blüte stutzen.

Clematis alpina ›Rosy Pagoda‹
Rosa Glocken, 3–4 m hoch.

Clematis alpina ›Columbine‹
Von den blauen Alpina-Varietäten am nächsten mit der Wildart verwandt, 2–3 m hoch.

Clematis alpina ›Willy‹
Blassrosa Blüten, manchmal folgt eine Nachblüte im Sommer, bis 4 m hoch.

C. alpina ›Helsingborg‹ ♀
Ungewöhnlich blaupurpurne Blüten, eine der dunkelsten Alpina-Sorten, bis 3 m hoch.

Clematis alpina ›Ruby‹
Elegante purpurrosa Blüten, starkwüchsig, oft mit Nachblüte, 3–4 m hoch.

C. alpina ›Tage Lundell‹
Intensiv gefärbte Glocken, attraktiv vor hellem Hintergrund, 3 m hoch.

Clematis alpina ›Frances Rivis‹ ♀
Mittelblaue, lange, leicht eingerollte Blüten, bis 4 m hoch.

Clematis macropetala
›Maidwell Hall‹ ♀
Blaue Blüten, flaumige
Balgfrüchte, bis 2,5 m hoch.

›Rosie O'Grady‹
Kanadische Züchtung,
große Blüten, zartrosa, kletter-
freudig, bis 3 m hoch.

Clematis macropetala
›Markham's Pink‹ ♀
Laternenähnliche dunkelrosa
Blüten, bis 3 m hoch.

Clematis macropetala
Sehr winterhart, trägt mehrere
Monate lang Fruchtschöpfe,
bis 3,5 m hoch.

›White Swan‹
Recht kompakt wachsend,
Blütezeit jedoch erst im späten
Frühjahr, bis 2 m hoch.

AUSSERDEM

Clematis alpina
›Constance‹ tief purpur-
rosa Blüten
›Frankie‹ mittelblau
›Pink Flamingo‹
blassrosa
subsp. *sibirica* ›White
Moth‹ reinweiß
Clematis macropetala
›Lagoon‹ (syn. ›Blue
Lagoon‹) tiefblau

C. MONTANA

SEIT DIE WILDART C. *montana* 1831 aus dem Himalaja-Gebiet eingeführt wurde, hat sie sich zur beliebtesten Clematis überhaupt entwickelt. Sie ist starkwüchsig, klettert 6–10 m hoch und bringt weiße Blüten von 5–6 cm Durchmesser hervor. Aus ihr hat man verschiedene Sorten gezüchtet, manche mit zart- bis purpurrosa Blüten, andere mit bronzefarbenen Blättern. Die C. *montana*-Sorten blühen im Frühsommer. Sie benötigen keinen Rückschnitt (Schnittgruppe 1), gedeihen am besten an einem sonnigen Standort und begrünen rasch Wände und Zäune.

Clematis montana
›**Elizabeth**‹ ♥
Vanilleduft, bis 10 m hoch.

Clematis montana
›**Fragrant Spring**‹
Duftend, Blätter im Austrieb purpurn, bis 10 m hoch.

Clematis montana
›**Tetrarose**‹ ♥
Sehr groß, duftend, bronze-farbene Blätter, bis 8 m hoch.

Clematis montana
var. *sericea* ♥
Schönste Blütenform, jedoch ohne Duft, bis 8 m hoch (syn. ›Spooneri‹).

Clematis montana var. rubens ♀
Sehr winterhart, variiert farblich leicht, bis 8 m hoch.

Clematis montana
Duftende, weiß blühende Wildform, ideal zum Beranken von Bäumen, bis 12 m hoch.

Clematis montana ›Warwickshire Rose‹
Sehr starkwüchsige Sorte, bronzefarbene Blätter, bis 10 m hoch.

Clematis montana f. grandiflora ♀
Blüten bis 8 cm Durchmesser, bis 11 m hoch.

Clematis chrysocoma
Weniger wucherfreudig, mit C. montana verwandt, Blätter jedoch runder, bis 2 m hoch.

AUSSERDEM

Clematis montana
›Broughton Star‹ cremerosa, halb gefüllt
›Freda‹ ♀ rosa mit bronzefarbenen Blättern
›Marjorie‹ rosa, halbgefüllt
›Mayleen‹ duftende rosa Blüten, bronzefarbene Blätter
›Picton's Variety‹ tiefrosa Blüten, bronzefarbene Blätter
var. **wilsonii** weiß

FRÜHE GROSSBLUMIGE HYBRIDEN

D IE EINFÜHRUNG VON C. *patens* aus Japan im Jahr 1836 und später von C. *lanuginosa* und C. *florida* aus China führte zwischen 1860 und 1890 zur Entstehung vieler großblumiger Hybriden. Die Gruppe wird auf den folgenden Seiten nach Blütenfarben geordnet vorgestellt, die gefüllten früh blühenden Hybriden auf einer separaten Doppelseite (*S. 60–61*). Die meisten blühen im Frühsommer (einige wenige im Hochsommer), bei manchen folgt im Spätsommer eine Nachblüte. Leichtes Stutzen genügt, da diese Typen zur Schnittgruppe 2 gehören.

Clematis patens
Grundlage vieler Züchtungen dieser Gruppe, ca. 2 m hoch.

›Lady Londesborough‹
Alte Züchtung (1869), ähnelt C. *patens*, relativ kurze Blütezeit, bis 2 m hoch.

›Mrs. Cholmondeley‹ ♥
Lavendelblau, bei leichtem Rückschnitt den ganzen Sommer blühend, 3–4 m hoch.

›William Kennett‹
Lange und reich blühend, Blüten bis 18 cm Ø, problemlos, starkwüchsig, ca. 3 m hoch.

›Richard Pennell‹ ♥
Auffällige Staubgefäße und gewellte Blütenblätter, purpurblau, bis 3 m hoch.

›Lady Northcliffe‹
Sehr beliebte Sorte, tiefblaue Blütenfarbe und lange Blütezeit, bis 2 m hoch.

›Elsa Späth‹ ♥
Problemlos, blüht vom Hochsommer bis in den Herbst, zumeist 2,5–3 m hoch.

›Blue Ravine‹
Problemlose neue Sorte,
Blütenblätter mit ausgeprägter
Aderung, bis 3 m hoch.

›The President‹ ♀
Alte Züchtung (1876), sehr
beliebt, blüht fast den ganzen
Sommer über, 3–4 m hoch.

›Lasurstern‹ ♀
Ausgesprochen blühfreudig,
Nachblüte im Herbst (jedoch
spärlicher), bis 3 m hoch.

›Mrs. Hope‹
Große Blüten (bis 15 cm Ø),
auffallende, dunkelrote Staubgefäße, bis 3,5 m hoch.

›Ramona‹
Große Tellerblüten, dunkelrote Staubgefäße, blüht üppig
in der Sonne, 3–4 m hoch.

›H. F. Young‹ ♀
Kräftig blaue Blüten, kontras-
tierende cremefarbene Staubgefäße, bis 2,5 m hoch.

›W. E. Gladstone‹
Blüht nicht allzu üppig, aber
lange, Blüten bis 25 cm
Durchmesser, 3,5 m hoch.

AUSSERDEM

›Beauty of Richmond‹ zart
   malvenfarben
›Général Sikorski‹ ♀ sehr
   schönes Blau
›Haku-ôkan‹ violettblau
›Joan Picton‹ reichblütig,
   blasslilarosa Blüten
›Kathleen Wheeler‹ blau mit
   purpurnen Mittelstreifen
›Lady Caroline Nevill‹
   sanftes Blau
›Mrs. P. B. Truax‹ blassblau
›North Star‹ (syn.
   ›Pôhjanael‹) tiefblau

›John Warren‹
Große, spitz zulaufende Blüten
(Ø bis 18 cm) mit karminroten
Adern, bis 3 m hoch.

›Lincoln Star‹
Kräftig, problemlos, himbeer-
rosa, blüht üppig über die
gesamte Höhe, ca. 3 m hoch.

›Charissima‹
Schön geformte große Blüten
mit kirschrosa Aderung in der
Mitte, bis 2,5 m hoch.

›Dr. Ruppel‹ ♛
Tiefrosa Blüten, zum Rand
hin heller, cremefarbene Staubgefäße, bis 3 m hoch.

›Mrs. N. Thompson‹
Kompakt wachsende Sorte, violette
Blüten mit scharlachroten
Mittelstreifen, bis 2 m hoch.

›The Vagabond‹
Intensiv violette und karmin-
rote Blüten, cremefarbene
Staubgefäße, bis 2,5 m hoch.

›**Carnaby**‹
Ideale Kübelpflanze, leuchtend
dunkelrosa Blüten (bis 10 cm
Ø), bis 2,5 m hoch.

›**Fireworks**‹ ♀
Üppiger als ›Mrs. N. Thompson‹, Blüten machen ihrem
Namen Ehre, ca. 3 m hoch.

›**Nelly Moser**‹ ♀
Beliebte Sorte, die Blütenfarbe
hält sich am besten im Schatten,
klettert bis 3 m hoch.

GESTREIFTE BLÜTEN HABEN AUSSERDEM

›**Andromeda**‹ halb gefüllt,
blassrosa mit dunkleren
Streifen

›**Asao**‹ dunkelrosa mit
helleren Mittelstreifen

›**Barbara Jackman**‹ dunkles
Malvenblau mit magenta-
roten Streifen

›**Carnival Queen**‹ rosa mit
kirschrotem Saum

›**Etoile de Malicorne**‹ violett-
weiß mit violettpurpurnen
Streifen

›**Fair Rosamond**‹ rosa angehaucht mit stärker getönten

Streifen, leicht duftend

›**John Paul II**‹ (syn. ›Jan
Pawel II‹) blassrosa mit
dunkleren Streifen

›**Keith Richardson**‹ purpurrot
mit helleren Mittelstreifen

›**Masquerade**‹ (syn. ›Maskarad‹) blassrosa mit dunkleren
Streifen

›**Mrs. James Mason**‹ violettblau mit tiefroten Streifen

›**Pink Fantasy**‹ hellrosa,
schwach purpurrot gestreift

›**Sealand Gem**‹ lavendelblau
mit dunkelrosa Streifen

›**Bees' Jubilee**‹ ♀
Kompakter Wuchs, Blüten
hellrosa (verblassend), ideal
für Kübel, nur ca. 1,8 m hoch.

›Miss Bateman‹ ♔
Kompakt wachsend, üppige Blütenpracht, blüht aber nur einmal, ca. 2 m hoch.

›Snow Queen‹
Blüht auch als Jungpflanze gut, Blüten weiß, am Rand gewellt, bis 2,5 m hoch.

›Barbara Dibley‹
Blüten verblassen in der Sonne, daher am besten in lichtem Schatten, bis 3 m hoch.

›Guernsey Cream‹
Blüht üppig und relativ früh, verblasst in der Sonne, bis 2,5 m hoch.

›Vino‹
Große purpurrote Blüten, gedeiht hervorragend in der prallen Sonne, bis 3 m hoch.

›Gillian Blades‹ ♔
Kompakt wachsend, attraktive weiße Blüten mit gewelltem Rand, bis 2,5 m hoch.

›**Marie Boisselot**‹ ♀
Reinweiße Blüten (vor allem
im oberen Bereich der
Pflanze), bis 3,5 m hoch.

›**Jackmanii Rubra**‹
Lange und reich blühend, bei
Hauptblüte manchmal halb
gefüllt, bis 3 m hoch.

›**Moonlight**‹
Blassgelbe Blüten, die zarte
Blütenfarbe wirkt am besten
im Schatten, bis 2,5 m hoch.

›**Henryi**‹ ♀
Sehr beliebte alte Züchtung
(1858), cremeweiße Blütenblätter, bis 3,5 m hoch.

›**Niobe**‹ ♀
Blüht dunkelrot, starker Rückschnitt einiger Triebe verlängert
die Blütezeit, bis 3 m hoch.

AUSSERDEM

›**Cardinal Wyszinski**‹ (syn.
›Kardynal Wyszyński‹)
purpurrot
›**Corona**‹ rosa, Purpurhauch
›**Crimson King**‹ dunkelrot
›**Edith**‹ ♀ weiß, kompakt
›**James Mason**‹ weiß mit
dunklen Staubgefäßen
›**Maureen**‹ rotviolett mit
roten Mittelstreifen
›**Monte Cassino**‹ samtig
purpurrot
›**Silver Moon**‹ violett
angehauchtes Weiß

Früh blühende gefüllte Hybriden

P RACHTVOLLE GEFÜLLTE BLÜTEN, wie sie nur die früh blühenden Hybriden bilden, tauchten ursprünglich bei Spielarten großblumiger Hybriden auf (Spielarten sind natürliche Mutationen mit Abweichungen vom Normaltyp). Gefüllte Blüten kommen bei der Hauptblüte im Frühsommer vor, selten bei Nachblüten. Halb gefüllt nennt man die Typen mit nur zwei Lagen Blütenblättern. Frühe gefüllte Hybriden sollten nur leicht gestutzt werden (*siehe Schnittgruppe 2*). Schneidet man sie zu stark, treiben sie nur einfache Blüten.

›Kathleen Dunford‹
Halb gefüllt, daher auffällige
Staubgefäße, bis 2,5 m hoch.

›Multi Blue‹
Ungewöhnliche Blütenform,
dunkelblau, lange Blütezeit,
bis 2,5 m hoch.

›Belle of Woking‹
Gut wachsend, blüht im Spätsommer
mit z. T. ebenfalls gefüllten Blüten nach,
bis 2,5 m hoch.

›Vyvyan Pennell‹ ♥
Eine der bekanntesten ge-
füllten Sorten, lavendelblau,
samtige Blüten, 2,5–3 m hoch.

›Duchess of Edinburgh‹
Blüten weiß, nach Kälteperi-
ode beim ersten Aufblühen
grünlich, bis 2,5 m hoch.

›Mrs. George Jackman‹ ♀
Halb gefüllt, cremeweiß, ver-
längerte Blütezeit im lichten
Schatten, bis 2,5 m hoch.

›Countess of Lovelace‹
Sehr gleichmäßig angeordnete
Blütenblätter (Rosettenform),
violettblau, bis 2,5 m hoch.

›Proteus‹
Besonders attraktiv vor Sträu-
chern mit panaschiertem
Blattwerk, bis 2,5 m hoch.

›Royalty‹ ♀
Halb gefüllte violette Blüten
(bis 10 cm Ø), gelbe Staubgefäße, bis 2 m hoch.

AUSSERDEM

›**Arctic Queen**‹ reinweiß
›**Beauty of Worcester**‹
  mittelblau
›**Chalcedony**‹ blassblau
›**Kiri Te Kanawa**‹ tiefblau
›**Miss Crawshay**‹ zart
  lilarosa, halb gefüllt
›**Mrs. Spencer Castle**‹
  rosa, halb gefüllt
›**Sylvia Denny**‹ weiß,
  halb gefüllt
›**Violet Elizabeth**‹
  malvenrosa

SPÄTE GROSSBLUMIGE HYBRIDEN

DIE CLEMATIS DIESES TYPS verschönern den Garten im Spätsommer und Frühherbst mit ihrer Blütenpracht. Sollen sie an einer Wand wachsen, kombiniert man sie am besten mit Kletterrosen oder einer anderen Kletterpflanze. Dadurch entfällt das Ziehen der Triebe. In Rabatten wirken diese Hybriden am schönsten, wenn man sie durch Fuchsien, Schmetterlingsflieder und spät im Sommer blühende Sträucher ranken lässt. Wie alle nach dem Hochsommer zur Blüte kommenden Clematis gehören auch die späten großblumigen Hybriden zur Schnittgruppe 3.

›Hagley Hybrid‹
Zartfarbige Blüten brauchen Schatten, bis 2,5 m hoch.

›Huldine‹
Blüten weiß, leicht lila angehaucht, bevorzugt sonnigen Standort, 5–6 m hoch.

›Ernest Markham‹ ♀
Hochwüchsig, Blüten lebhaft magentarot, bevorzugt Sonne, bis 4 m hoch.

›Ville de Lyon‹
Karminrote Blüten, reich blühend, vor allem nach leichtem Rückschnitt, bis 3 m hoch.

›Comtesse de Bouchaud‹ ♀
Alte, problemlose Sorte, malvenrosa Blüten, reichblühend, bis 3 m hoch.

›Ascotiensis‹ ♀
Starkwüchsige Varietät, leuchtend violettblau, lange Blütezeit, etwa 3 m hoch.

›Jackmanii‹ ♀
Beliebte »klassische« Sorte, samtig dunkelpurpurne Blüten, bis 3 m hoch.

›Rouge Cardinal‹
Tief karminrote Blüten,
reich blühend, kompakter
Wuchs, bis 3 m hoch.

›Victoria‹
Starkwüchsig, gedeiht auch
gut in kälteren Gegenden,
ca. 3–4 m hoch.

›Prince Charles‹
Problemlos, kompakt wach-
send, malvenblau, lange Blütezeit, selten über 2 m hoch.

›Gipsy Queen‹ ♀
Schmale Ansätze der Blütenblätter heben die Blüte hervor,
bis 3 m hoch.

›Madame Grangé‹ ♀
Starkwüchsig und reich blühend, purpurne Blüten, Rückseite behaart, bis 3 m hoch.

AUSSERDEM

›Blue Angel‹ (syn. ›Blekitny
Aniol‹) blassblau
›Dorothy Walton‹ blasslila
›Guiding Star‹ tiefviolett mit
pflaumenblauen Streifen
›John Huxtable‹ weiß
›Lady Betty Balfour‹
purpurblau
›Margaret Hunt‹ purpur
›Madame Edouard André‹ ♀
tiefrot
›Perle d'Azur‹ himmelblau
›Perrin's Pride‹ purpur
›Rhapsody‹ intensiv blau

STAUDIGE CLEMATIS

DIESE CLEMATIS RANKEN NICHT SELBST. Zu ihnen gehören u. a. *C. heracleifolia*, die wie Sträucher wachsen, und *C. integrifolia* sowie *C. recta*, die sich an andere Pflanzen »anlehnen«. Staudige Clematis passen hervorragend in Mischbepflanzungen, in die man auch Kletterhilfen integrieren kann. Dekorativ wirken sie als Bewuchs von Gartenmauern oder an Rabattenrändern. Sie haben vergleichsweise kleine, manchmal duftende Blüten; wie die meisten Stauden werden sie im Spätwinter stark zurückgeschnitten (*siehe Schnittgruppe 3*).

Clematis x aromatica
Hybride, gespreizte Blütenblätter, duftend, 1–2 m hoch.

Clematis x bonstedtii
›**Crépuscule**‹
Zierliche röhrige Blüten, süß
duftend, bis 1 m hoch.

Clematis integrifolia
Blaue Blütenblätter, oft
eingerollt, braucht Sonne,
kaum 1 m hoch.

Clematis x jouiniana
›**Praecox**‹ ♀
Starkwüchsig, ideal als Boden-
decker, 4–5 m Breite.

Clematis recta ›Purpurea‹
Blätter im Austrieb purpurfarben, zahlreiche kleine
weiße Blüten, bis 1,5 m hoch.

Clematis recta
Milchweisse Blüten, muss
gestützt werden, passt gut in
Staudenbeete, bis 1,5 m hoch.

Clematis integrifolia
›Rosea‹ ♀
Größere Blüten als die Wild-
arten, rosa, bis 1 m hoch.

AUSSERDEM

Clematis heracleifolia var.
   davidiana stark duftend
Clematis hirsutissima
   braucht trockenen,
   kühlen Standort
Clematis integrifolia ›Alba‹
   weiße, aus der Wildart
   (*siehe S. 64*) hervor-
   gegangene Gartensorte
Clematis songarica robust,
   strauchähnlicher Wuchs,
   weiße Blüten
›**Arabella**‹ kleine blaue
   Blüten, lange Blütezeit

Clematis x durandii ♀
Lange Blütezeit, ideal zum
Kombinieren mit niedrigen
Sträuchern, bis 1,5 m hoch.

Clematis heracleifolia var.
davidiana ›Wyevale‹ ♀
Hellgrüne Blätter, duftende
blaue Blüten, bis 1 m hoch.

C. VITICELLA UND TEXENSIS

DIE AUS SÜDEUROPA stammende Wildart C. *viticella*, die im Spätsommer kleine purpurfarbene Glocken trägt, ist bereits seit 1569 in Kultur; aus ihr sind zahlreiche Sorten hervorgegangen. Aus den USA wurde 1868 die Art C. *texensis* mit roten krugförmigen Blüten eingeführt. Von ihr stammen die Rottöne bei den Hybriden. Die Sorten der C. *viticella* und *texensis* sind problemlos und eignen sich zum Kombinieren mit Sträuchern. Sie wachsen relativ hoch und müssen kräftig gestutzt werden (*siehe Schnittgruppe 3*).

›Minuet‹ ♀
Weit offene Glocken mit rosa Aderung, bis 3 m hoch.

Clematis viticella ›Purpurea Plena Elegans‹ ♀
Blüten gefüllt, Blütezeit mehrere Wochen, bis 3 m hoch.

›Madame Julia Correvon‹ ♀
Lange und reich blühend, sehr große weinrote Blüten, bis 3,5 m hoch.

›Venosa Violacea‹ ♀
Hell mit purpurvioletten Rändern, schön vor silbrigem Blattwerk, bis 3 m hoch.

›Etoile Violette‹ ♀
Reich blühend, dunkelviolette Blüten, effektvoll neben hellen Blättern, bis 4 m hoch.

›Abundance‹
Blüht üppig, schönes ins Rosa gehendes Rot, bis 3 m hoch.

›Pagoda‹
Weit zurückgebogene Blütenblätter, Rückseite graurosa, bis 2 m hoch.

›Kermesina‹
Tief karminrote Blüten, in der
Sonne ein überwältigender
Anblick, bis 3 m hoch.

›Alba Luxurians‹ ♀
Weiße Blüten (Hauptblüte mit
grünlichen Spitzen), sehr dunkle
Staubgefäße, bis 3 m hoch.

›Betty Corning‹
Amerikanische Züchtung,
glockige Blüten mit leichtem
Duft, bis 2,5 m hoch.

›Duchess of Albany‹ ♀
Tulpenförmige rosa Blüten,
sehr effektvoll mit niedrigen
Sträuchern, bis 3 m hoch.

›Gravetye Beauty‹
Blüten intensivst rot, aber
schwachwüchsigste Texensis-
Sorte, bis 3 m hoch.

Clematis texensis
Die Wildart findet man selten
im Garten, fast nur zur Züchtung verwendet, bis 3 m hoch.

›Lady Bird Johnson‹
Hübsche krugförmige
Blüten mit heller Rückseite,
ca. 2–3 m hoch.

›Etoile Rose‹
Offene kirschrosa Glocken,
Stütze erforderlich, blüht
3 Monate lang, bis 2,5 m hoch.

AUSSERDEM

Clematis viticella
›**Mary Rose**‹ rauchgrau-
purpurn
›**Black Prince**‹ purpurfarben
›**Elvan**‹ kleine blauviolette
Blüten
›**Margot Koster**‹ dunkles
Rosarot
›**Polish Spirit**‹ ♀ satt
purpurblau
›**Princess Diana**‹ tief
kirschrosa
›**Royal Velours**‹ ♀ intensiv
purpurrot

SPÄTSOMMER- UND HERBSTBLÜHER

ZU DIESER GRUPPE gehören einige der interessantesten Clematis. Außer *C. florida*, der Elternpflanze vieler großblumiger Hybriden, sind sie meist kleinblütig, winterhart und blühen ab dem Hochsommer. Alle außer *C. florida* werden stark zurückgeschnitten (*siehe Schnittgruppe 3*). *C. tibetana* (*siehe S. 26*) und *C. tangutica* haben fleischige Blütenblätter und später bauschige Fruchtschöpfe, andere, z. B. *C. flammula* und *C. rehderiana*, bilden vielblütige Rispen, die einen zarten bis intensiven Duft verströmen.

Clematis florida ›Sieboldii‹
Ähnelt der Passionsblume, bis 3 m hoch. ✹✹

›Paul Farges‹
Starkwüchsige Hybride, blüht 2–3 Monate lang, 6–8 m hoch.

Clematis rehderiana ♀
Trägt im Spätsommer blassgelbe Blüten mit intensivem Duft, bis 6 m hoch.

Clematis serratifolia
Helle Blüten (erst glockig, dann gespreizt), später Balgfrüchte, bis 5 m hoch.

Clematis × *triternata*
›Rubromarginata‹ ♀
problemlos, Rispen mit duftenden Blüten, bis 5 m hoch.

Clematis flammula
Aus dem Mittelmeerraum, vielblütige Rispen, Mandelduft, bis 5 m hoch.

Clematis campaniflora
Aus Portugal, zierliche helle Glöckchen mit eingerollten Spitzen, bis 5 m hoch.

Clematis tangutica
Leuchtend gelbe Glocken,
Balgfrüchte erscheinen bereits
in der Blütezeit, bis 5 m hoch.

›**Bill MacKenzie**‹ ♀
Besonders schöne gelb blühen-
de Herbstsorte, dekorative
Fruchtschöpfe, bis 7 m hoch.

Clematis × eriostemon
Problemlose halbstaudige
Hybride, purpurblau, blüht
3 Monate, bis 2,5 m hoch.

Clematis ladakhiana
Sehr ungewöhnlich gefärbte
Art aus dem Himalaja, braucht
Sonne, bis 5 m hoch.

C. ladakhiana (Samenstand)
Die Fruchtschöpfe dieser Art
und von *C. tibetana* beschlies-
sen das Clematis-Jahr.

AUSSERDEM

Clematis addisonii kleine
  rosaviolette Glocken
Clematis aethusifolia
  krauses Blattwerk, creme-
  farbene Glocken
Clematis crispa blassblaue
  Glocken
Clematis florida ›Flore Pleno‹
  gefüllte weiße Blüten ✲✲
Clematis fusca var. **violacea**
  rotbraune Glocken
Clematis tibetana (syn.
  C. orientalis ›Sherriffii‹)
  gelbe Glocken, graue
  Blätter

REGISTER

DANK

Bildrecherche Christine Rista

Spezialfotografie Richard Surman, Peter Anderson

Illustrationen Karen Cochrane

Register Hilary Bird

Dorling Kindersley dankt hiermit: den Mitarbeitern der Royal Horticultural Society, insbesondere Susanne Mitchell, Karen Wilson und Barbara Haynes am Vincent Square, dem mit der Vermehrung befassten Team in Wisley, ferner den Mitarbeitern von Burford House Gardens, Tenbury Wells, Worcestershire, und außerdem Agriframes Ltd. als Lieferant von Regenrohrspalieren (S. 29).

Royal Horticultural Society
Mehr über die Royal Horticultural Society erfahren Sie im Internet (Homepage: http://www.rhs.org.uk). Geboten werden Informationen zu Veranstaltungen, eine Gartenpflanzen-Datenbank, internationale Pflanzenverzeichnisse und Berichte über Versuchsergebnisse.

Bildnachweis
(o = oben, m = Mitte, u = unten, l = links, r = rechts)

Der Verlag dankt den nachfolgend genannten Personen und Institutionen für die freundliche Genehmigung zum Abdruck von Fotos:

Mark Bolton: 54ul
Neil Campbell-Sharp: 20mr, 67or
Charles Chesshire: 55ml
Eric Crichton Photos: Umschlag vorn ol, 4ur, 7u, 8u, 8o, 9, 15or, 15ol, 19ur, 52um, 56ul, 59or, 65ul
DK Special Photography: Dave King 38um
The Garden Picture Library: Howard Rice 2, 48; Jerry Pavia 26; John Glover 65or, 67mm
John Glover: 24ul
Harpur Garden Library: 7m, 10r, 49mm
Andrew Lawson: 14, 17or, 19ol, 20ul, 21ur
Clive Nichols Garden Pictures: Pam Schwert/S. Kreutzberger 24r
Photos Horticultural: 37ur, 37ul, 60ul, 61or, 63ul, 63ol, 65ol, 69or
Photo Lamontagne: 18
Harry Smith Collection: 25r, 25l, 37or, 49ur, 54mm, 63um, 64ol, 64mr, 67mr, 67ul, 68ul, 69um, 69ul
Richard Surman: 38ur